Emil-Peter Müller

Die Bündnispolitik der DKP

Ein trojanisches Pferd

Deutscher   .ts-Verlag

CIP-Kurztitelaufnahme der Deutschen Bibliothek

Müller, Emil-Peter:

Die Bündnispolitik der DKP: e. trojan. Pferd /
Emil-Peter Müller. [Hrsg. vom Inst. d. dt.
Wirtschaft]. – Köln: Deutscher Instituts-Verlag, 1982.
ISBN 3-602-14062-8

Der Autor:

Emil-Peter Müller, Dipl.-Volkswirt, Jahrgang 1943, studierte an den Universitäten Köln, Bonn, Genf und Freiburg Volkswirtschaftslehre, Soziologie und politische Wissenschaft. Seit Januar 1971 ist er Referent für Parteien, Verbände und Parlamentsfragen im Institut der deutschen Wirtschaft, Köln. In zahlreichen Aufsätzen und Analysen beschäftigte er sich mit der Struktur der deutschen Parteien und der Entwicklung des Parteiensystems.

Herausgegeben vom Institut der deutschen Wirtschaft
© 1982. Deutscher Instituts-Verlag GmbH,
Gustav-Heinemann-Ufer 84-88, Postfach 51 06 70, 5000 Köln 51,
Telefon (02 21) 3 70 41
Lektorat: Frauke Lill-Roemer
Druck: Bercker GmbH, Kevelaer

Inhalt

Vorwort 7

I. Bündnispolitik als taktisches Instrument 11
1. Die Ursache 16
2. Das Ziel 29
3. Die Partner 32

II. Formen kommunistischer Bündnispolitik 43
1. Die Aktionseinheit 52
2. Die Volksfront 55
3. Bündnisfähige Verbände 63

    a) Nebenorganisationen 65
    – *Sozialistische Deutsche Arbeiterjugend (SDAJ)* 65
    – *Marxistischer Studentenbund Spartakus (MSB Spartakus)* 71
    – *Junge Pioniere – Sozialistische Kinderorganisation (JP)* 74

    b) Beeinflußte Organisationen 75
    – *Deutsche Friedensunion (DFU)* 76
    – *Vereinigung der Verfolgten des Naziregimes Bund der Antifaschisten (VVN – BdA)* 80
    – *Deutsche Friedensgesellschaft – Vereinigte Kriegsdienstgegner (DFG – VK)* 80
    – *Komitee für Frieden, Abrüstung und Zusammenarbeit (KFAZ)* 82
    – *Vereinigung Demokratischer Juristen e.V. (VDJ)* 85
    – *Demokratische Fraueninitiative (DFI)* 85

III. Beispiele kommunistischer Bündnispolitik 87
  1. Die Ostermarschbewegung 87
  2. Rote-Punkt-Aktionen 96
  3. Kommunistische Gewerkschaftsarbeit 102
    a) DKP – DGB 104
    b) SDAJ – Gewerkschaftsjugend 112
  4. Eurokommunismus 119
  5. Der Krefelder Appell 131

Anmerkungen 141
Literatur 153
Abkürzungen 158
Personenregister 160
Sachregister 162

Verzeichnis der Abbildungen

Kandidaturenfolge kommunistischer und kommunistisch beeinflußter Parteien in Bundestagswahlen seit 1949   79

Gewerkschaftliche und betriebliche Funktionen der DKP-Parteidelegierten von 1969 bis 1981   110

Schema der organisatorischen Einordnung des Weltfriedensrates und seiner deutschen Filialen in die kommunistischen Befehlswege   134

Vorwort

Kommunistische Bündnispolitik unterscheidet sich grundsätzlich von der Koalitionsbildung demokratischer Parteien westlicher Industriegesellschaften. Vielfach wird sie verharmlosend mit dieser gleichgesetzt. Bündnispolitik hat jedoch für kommunistische Parteien eine eindeutig definierte Bedeutung. Diese rührt aus der theoretischen Konzeption kommunistischer Parteien, ihrer andersartigen Organisationsstruktur, dem Determinismus und dem damit verbundenen Wahrheitsanspruch des Marxismus in Verbindung mit dem politischen Zynismus des Leninismus, auf den sich alle orthodox-kommunistischen Parteien Moskauer Orientierung berufen.

Die wesentlichen Merkmale kommunistischer Bündnispolitik will die vorliegende Schrift darstellen. Hierzu geht sie von der theoretischen Parteikonzeption aus, wie sie Lenin formulierte und in die Praxis umsetzte. Dieser Hintergrund ist wichtig, um die organisatorische Ausprägung kommunistischer Bündnispolitik in der Bundesrepublik Deutschland zu verstehen: jene Fülle der Neben- und beeinflußten Organisationen der Deutschen Kommunistischen Partei, die zum Teil mit Absicht, zum Teil durch zufällige Interessenidentität als Hilfsorganisationen fungieren.

Schließlich folgen beispielhafte Versuche kommunistischer Bündnispolitik, wobei die Ostermarschbewegung der sechziger Jahre keine ursprünglich kommunistische Initiative war; sie ging vielmehr durch die Intransigenz kommunistischer Teilnehmer nach dem Einmarsch der Truppen des Warschauer Paktes in die Tschechoslowakei zugrunde. Ihr Wiederaufleben 1982 bildet keine Fortsetzung der ursprünglichen Bewegung, da die neue Kampagne im Gegensatz zu der ursprünglichen Initiative von vornherein eine westlastige Stoßrichtung hat.

Der Eurokommunismus ist eine Variante kommunistischer Bündnispolitik, nicht jedoch ein Beispiel der Bündnispolitik der Deutschen Kommunistischen Partei, da diese sich der eurokommunistischen Bewegung nicht anschließen mochte. Dennoch hat sie für die Bundesrepublik Deutschland erhebliche Bedeutung durch die Verharmlosung, mit der Kommunismus in seiner romanischen Variante offeriert wurde.

Das jüngste, wahrscheinlich komplizierteste und möglicherweise erfolgreichste Beispiel kommunistischer Bündnispolitik ist der sogenannte Krefelder Appell gegen den Doppelbeschluß des NATO-Rats vom 12. Dezember 1979 zur Verhandlung und Nachrüstung im Raketenmittelstreckenbereich. Auch dieses Beispiel ist vor dem theoretischen Hintergrund konspirativ angelegter kommunistischer Parteien und dem daraus resultierenden Organisationsgeflecht unter den realen Bedingungen der Bundesrepublik Deutschland zu sehen.

Eine Eigenart dieser Schrift sind ihre ungewöhnlich langen Zitate. Diese haben ihren Grund in der ausschweifenden Argumentation kommunistischer Schriftsteller und Redner, wie sie bei Autoren anderer politischer Richtungen nicht anzutreffen sind. Deshalb schien eine Beschränkung auf wenige Sätze unmöglich. Man mußte vielmehr häufig einem relativ langatmigen Gedankengang folgen, um den Zusammenhang zu wahren. Diese Eigenart, die die gegenwärtigen kommunistischen Funktionäre auszeichnet, geht bis auf die Leninschen Schriften zurück.

Köln, im Juli 1982 Emil-Peter Müller

Aber die andern, geführt vom hochberühmten Odysseus,
Saßen, von Troern umringt, im Bauche des hölzernen Rosses,
Welches die Troer selbst in die Burg von Ilion zogen.

(Homer, Odysse – VIII/502–504)

I. Bündnispolitik als taktisches Instrument

Beurteilte man sie nur nach ihren Erfolgen in allgemeinen Wahlen, die Deutsche Kommunistische Partei (DKP), die orthodox-kommunistische Schwesterpartei der Sozialistischen Einheitspartei Deutschlands (SED) der DDR und der Kommunistischen Partei der Sowjetunion (KPdSU), so könnte man schnell zur Tagesordnung übergehen: 0,2 Prozent der gültig abgegebenen Stimmen in der Bundestagswahl vom 5. Oktober 1980 entziehen den Klagen über die „recht undemokratische Fünfprozentklausel" jeden realen Hintergrund. Die Bedeutung der DKP liegt vielmehr im betrieblichen, im Gewerkschafts- und im Hochschulbereich.

Die Partei ist nicht in der Lage, jene Sympathien, die sie in gesellschaftlichen Bereichen genießt, in Wählerstimmen umzumünzen. Zu erklären ist dies durch ihre Kaderorganisation, die sie nur bei einem geringen Teil der bundesdeutschen Bevölkerung politisch attraktiv erscheinen läßt, durch ihre Rituale und ihre Sprache, die aus der Klassenkampfsituation des vorigen Jahrhunderts stammen sowie durch ihre Argumentation, die der SED der DDR entliehen ist, und die sie für eine freie Auseinandersetzung über Probleme der Bundesrepublik Deutschland als politische Partei disqualifiziert.

Abgesehen von den realpolitischen Ursachen für die mangelhafte Wählerresonanz der Deutschen Kommunistischen Partei, verhindert allein schon ihre Organisation als „Partei neuen Typus", strukturiert als Kaderpartei, einen stärkeren Zulauf.

„W. I. Lenin erkannte als erster Marxist, daß die Arbeiterklasse eine Partei neuen Typus braucht. In seinem Buch ‚Was tun?' legte er seine Anschauungen von der Partei neuen Typus, von ihrem Charakter und ihrer Rolle in der Arbeiterbewegung und von den Grundprinzipien ihrer Tätigkeit dar. Die historische Bedeutung des Buches ‚Was tun?' besteht darin, daß W. I. Lenin in ihm die Ideen von Marx und Engels über die proletarische Partei weiterentwickelte und die Grundlagen für die Lehre von der revolutionären marxistischen Partei, der Partei neuen Typus, herausarbeitete:

Er formulierte und begründete den marxistischen Leitsatz, daß die marxistische Partei die Vereinigung der Arbeiterbewegung mit dem Sozialismus ist;

er zeigte, welche große Bedeutung für die spontane Arbeiterbewegung und für die gesamte Tätigkeit der Partei die Theorie des wissenschaftlichen Sozialismus besitzt;

er arbeitete die Lehre aus von der Partei, als dem politischen Führer des Proletariats und der führenden Kraft der Arbeiterbewegung, die den Klassenkampf des Proletariats vereinigt und lenkt;

er bewies, daß es notwendig ist, die gesamte Arbeit der Partei auf die Erziehung und Vorbereitung der Massen zur Revolution zu konzentrieren, und

wies schließlich nach, daß die ideologischen Quellen des Opportunismus vor allem in der Anbetung der Spontaneität der Arbeiterbewegung und in der Herabminderung der Bedeutung des sozialistischen Bewußtseins der Arbeiterbewegung besteht."[1]

„Die Grundthese, die das ganze Buch durchzieht, ist die Idee von der Partei als der revolutionierenden, führenden und organisierenden Kraft der Arbeiterbewegung."[2]

Marxistische Gewißheit über die historische Entwicklung und Leninsche Organisationsprinzipien, denen ein andersartiges Demokratieverständnis zugrunde liegt, lassen es unmöglich erscheinen, daß kommunistische Parteien mit demokratischen Parteien westlicher Industrienationen gleichgestellt werden. Umgekehrt verstehen sich kommunistische Parteien als Parteien sui generis.

Eine Präsentation muß die Deutsche Kommunistische Partei angesichts des Negativbildes, das vor allem in der Bundesrepublik Deutschland durch den Vergleich mit den Verhältnissen in der Deutschen Demokratischen Republik unmittelbar gegeben ist, fürchten. Auf die Bedingungen der DDR müssen sich die bundesdeutschen Kommunisten aus ideologischen und finanziellen Gründen[3] uneingeschränkt berufen. Diese wirken aber in der Bundesrepublik eher abschreckend als attraktiv und müssen auch gutgläubige Sympathisanten entfremden. Daher suchen die westdeutschen Kommunisten mit nicht geringem Erfolg dort Fuß zu fassen, wo Positionen nicht durch allgemeine Wahlen, sondern durch persönliche Aktivitäten besetzt werden. Dies gilt vordringlich im Betriebs- und Gewerkschaftsbereich, in der Stadtteilarbeit sowie an Schulen und Hochschulen. Weiterhin versucht die Deutsche Kommunistische Partei über die Bildung von Tarnorganisationen attraktiv auf gutgläubige Linke zu wirken, um auf diese Weise den Kreis der Sympathisanten über den Bereich ihrer unmittelbaren Mitglieder hinaus zu erweitern.

Als politische Organisation, die danach trachtet, Einfluß über jedwede Kanäle, wie die Gewerkschaften, die Hochschulen oder über die durch Kommunisten im westlichen Ausland beeinflußte öffentliche Meinung auszuüben, bildet die Deutsche Kommunistische Partei eine ernsthafte Herausforderung. Beispiele hierfür bieten Ergebnisse von Betriebsratswahlen, der Wahlen zu den Studentenparlamenten oder ausländische Interventionen zur sogenannten Aufrüstung in der Bundesrepublik oder Stellungnahmen gegen die sogenannten Berufsverbote, also die Weigerung, politische Extremisten in das Beamtenverhältnis zu übernehmen.

Trotz dieser Anstrengungen vermochte es die Deutsche Kommunistische Partei bisher nicht, in allgemeinen Wahlen nennenswerte Erfolge zu erzielen. In der Bundestagswahl 1980 fiel sie gar auf 0,2 Prozent der gültig abgegebenen Zweitstimmen zurück. Bei rückläufiger Mitgliederzahl auf etwa 40000[4], die unter der von dem Parteivorsitzenden Herbert Mies auf dem 6. Parteitag der DKP vom 29.–31. Mai 1981 in Hannover verkündeten Zahl von 48856 liegt, konnte die Partei in der Bundestagswahl vom 5. Oktober 1980 nur das 1,8-fache ihrer Mitgliederschaft, nämlich 71600 Wähler mobilisieren.[5] Verglichen mit der Situation vor dem Zweiten Weltkrieg zeigt dieser Faktor die Verfahrenheit der Deutschen Kommunistischen Partei auf: In der Reichstagswahl vom November 1932 konnte die Kommunistische Partei Deutschlands (KPD) bei 320000 Mitgliedern[6] noch das 16,6-fache, nämlich 5,98 Millionen Wähler ansprechen.[7] Bezogen auf die damals 44.373.000 Wahlberechtigten machte das Mitgliederpotential der KPD 0,72 Prozent aus, wohingegen die DKP 1980 von den 43.231.000 Wahlberechtigten lediglich 0,09 Prozent organisieren konnte. In beiden Vergleichsgrößen liegt die DKP damit nahezu um das Zehnfache unter den 1932 für die KPD gültigen Zahlen.

Ein solcher Vergleich von Mitgliederzahlen, Wahlberechtigten und Wählerstimmen könnte die Vermutung nahelegen, das Problem der kommunistischen Bündnispolitik sei auf die gegenwärtige Deutsche Kommunistische Partei beschränkt. Der Vergleich deutscher mit deutschen Verhältnissen ist sicher ein wesentlicher Grund für die mangelnde Attraktivität kommunistischer Parteien in der Bundesrepublik Deutschland. Ein so unmittelbarer Vergleich ist in den romanischen Ländern, in denen die kommunistischen Parteien erhebliche Stimmenanteile aufweisen, nicht gegeben; Negativbeispiele aus kommunistisch regierten Staaten, seien es eingeschränkte Freiheitsrechte oder Versorgungsschwierigkeiten, können Führer romanischer kommunistischer Parteien stets guten Gewissens mit nationalen Unterschieden, Mentalitätsfragen oder einer anderen industriellen Entwicklung zu erklären suchen.

Die sogenannte Bündnispolitik ist demgegenüber bereits seit Lenin zentrale Taktik kommunistischer Parteien, um die Isolation, die sich diese Parteien durch die Leninsche Konzeption einer „Partei neuen Typus" auferlegt haben, zu durchbrechen und auf die Wähler, außerhalb des Kreises kommunistischer Sympathisanten attraktiv zu wirken, die über den Kreis kommunistischer Sympathisanten hinausgehen. Unter dem Schlagwort der „Aktionseinheit der Arbeiterklasse" versucht die Kommunistische Partei, sich an mitgliederstarke Massenorganisationen anzuhängen. Hierzu zählen in der Bundesrepublik Deutschland beispielsweise die Einzelgewerkschaften des Deutschen Gewerkschaftsbundes, Sportvereine, zuweilen die Sozialdemokratische Partei Deutschlands, Arbeiter-, Musik- oder Bildungsvereine. Während die Sozialdemokratische Partei Deutschlands sich jedoch bereits in der Weimarer Republik eindeutig von den Annäherungsversuchen der Kommunistischen Partei Deutschlands distanzierte, konnte die

Deutsche Kommunistische Partei durch eine Modifikation ihrer Theorie und Strategie, auf die noch eingegangen wird, auf einen Teil der bundesdeutschen Sozialdemokratie attraktiv wirken; dem Deutschen Gewerkschaftsbund ist der Vorwurf zu machen, daß er den Versuchen der Deutschen Kommunistischen Partei zu lange tatenlos zugesehen hat und in seinen Abgrenzungsbeschlüssen gegenüber extremistischen Organisationen die Deutsche Kommunistische Partei stets ausgespart hat.[8] Dies bedeutet nicht, daß der DGB das Aktionsbündnis mit der DKP gesucht hätte, sondern daß er sich nicht dagegen verwahrt hat, von den taktischen Bestrebungen der DKP vereinnahmt zu werden.

Auf dem 6. Parteitag der DKP in Hannover 1981 kamen diese Bemühungen um Bündnispartner in dem Rechenschaftsbericht des Vorsitzenden Herbert Mies zum Ausdruck: „Wir sind für die Einheitsgewerkschaft, unterstützen das Programm des DGB, und unsere Mitglieder sind aktive Gewerkschafter. Die DKP marschiert im Kampf um Arbeiterrechte stets mit und an der Seite der Einheitsgewerkschaften. Dazu zieht sie sich weder ‚Unterwanderstiefel' noch ‚Filzpantoffeln' an."[9]

1. Die Ursache

Notwendig wurde die Entwicklung einer „parteieigenen" Bündnispolitik durch die leninsche Parteikonzeption. Als Elitepartei mit intellektuellen Kadern aus Berufsrevolutionären konzipiert, auf legaler und konspirativ illegaler Arbeit aufbauend, mußte dieser Parteityp sich um Bündnispartner zur Erringung einer Massenbasis für revolutionäre Situationen und zur Öffnung eines breiten Wählerpotentials in allgemeinen Wahlen in der legalen Form der Machterlangung bemühen. Auf diesen neuen Parteityp traf in noch höherem Maße zu, was Robert Michels bereits

1910 über die Sozialdemokratische Partei Deutschlands als Kampforganisation der Arbeiterbewegung schrieb: „Wie sehr die demokratische Kampfpartei mit der Heeresorganisation verwandt ist, beweist die sozialdemokratische Terminologie, die, besonders in Deutschland, in hohem Grade der Militärwissenschaft entlehnt ist. Es gibt kaum einen Ausdruck der Heerestaktik, der Strategie und des Kasernenhofs, kurz, des militärischen Jargons, der sich nicht in den Leitartikeln der sozialdemokratischen Presse wiederfände."[10] Zu dieser Zeit war die Kommunistische Partei Deutschlands noch nicht gegründet.

Der Begriff des Klassenkampfes blieb nicht auf die philosophische Auseinandersetzung beschränkt, sondern spielte in der Terminologie der Arbeiterbewegung eine wesentliche Rolle. Aus ihm leitete die Kommunistische Partei Deutschlands aufgrund ihrer konspirativen Organisationsstruktur weit konsequenter als die Sozialdemokratie ihr quasi-militärisches Vorgehen ab. Da die SPD als legale demokratische Partei mit egalitärem und basisdemokratischem Anspruch konzipiert war, kam sie in das Dilemma jeder demokratischen Organisation, die zwischen der Repräsentanz ihrer Mitglieder und der Effizienz ihrer Organisation einen Kompromiß finden muß. Während die Wirksamkeit der Parteiarbeit durch die Entwicklung einer straffen, schlagkräftigen Organisation gewährleistet wurde, beeinträchtigte diese Organisation gleichzeitig die angestrebten Ziele.[11]

Für kommunistische Parteien des leninschen Typus spielen derartige Überlegungen keine Rolle, da sie Diskrepanzen zwischen kurz- und mittelfristig undemokratischem und freiheitsbeschränkendem Handeln einerseits und dem Anspruch der Partei andererseits, eine demokratische Gesellschaft zu schaffen, nicht kennen. Kurz- und mittelfristig undemokratisches Verhalten wird in gesinnungsethischer

Weise im Sinne Max Webers[12] durch das demokratische Endziel legitimiert. Carl von Clausewitz findet daher militärtheoretisch in großem Maße Niederschlag in den politischen Handlungsmaximen kommunistischer Parteien: „Es ist also nach unserer Einteilung die Taktik die Lehre vom Gebrauch der Streitkräfte im Gefecht, die Strategie die Lehre vom Gebrauch der Gefechte zum Zwecke des Krieges."[13] Und in Fortsetzung dieser Überlegungen: „So sehen wir also, daß der Krieg nicht bloß ein politischer Akt, sondern ein wahres politisches Instrument ist, eine Fortsetzung des politischen Verkehrs, ein Durchführen desselben mit anderen Mitteln.[14]

Ähnliche Probleme wie das der Legitimation undemokratischer Entscheidungsstrukturen bei gleichzeitiger Verfolgung eines demokratischen Endziels entstehen für kommunistische Parteien bei der Frage nach der Anwendung von Gewalt bei gleichzeitiger Verfolgung einer möglichst gewaltfreien Gesellschaft. Diese beiden Problemkreise bilden die zentralen Anhaltspunkte für die Unglaubwürdigkeit kommunistischer Strategie. Solange orthodox-kommunistische Parteien sich auf Lenin berufen – und das müssen sie ex definitione und aus dem Hegemonieanspruch der KPdSU – müssen sie sich auch in diesen Fragen die Ausführungen Lenins entgegenhalten lassen: „Der Sozialismus ist gegen die Vergewaltigung der Nationen. Das steht fest. Doch der Sozialismus ist überhaupt gegen die Gewaltanwendung Menschen gegenüber. Das hat jedoch außer den christlichen Anarchisten und Volkstrojanern noch niemand gefolgert, daß der Sozialismus gegen die revolutionäre Gewalt sei. Von ‚Gewalt' schlechthin reden, ohne die Bedingungen zu analysieren, die die reaktionäre von der revolutionären Gewalt unterscheiden, heißt ein Spießbürger sein, der sich von der Revolution lossagt, oder heißt einfach sich selbst und andere durch Sophistereien betrügen.

Das Gleiche gilt auch für die Gewaltanwendung Nationen gegenüber. Jeder Krieg bedeutet Gewaltanwendung gegen Nationen, das hindert aber die Sozialisten nicht, für einen revolutionären Krieg zu sein. Der Klassencharakter des Krieges – das ist die Kernfrage, vor die ein Sozialist gestellt ist (wenn er kein Renegat ist)."[15]

Aus diesem Grunde sind die Frage nach der Anwendung von Gewalt und die Frage nach den Zielvorstellungen von einer „Diktatur des Proletariats" für die Beurteilung der Glaubwürdigkeit kommunistischer Parteien und die Einschätzung der Bedeutung ihrer taktischen Zielsetzung in politischen Bündnissen von zentraler Bedeutung. Ihre Beantwortung unterscheidet kommunistische von allen übrigen politischen Parteien. „Jeder bewußte Sozialist wird sagen, daß man den Sozialismus den Bauern nicht gewaltsam aufzwingen kann, und daß man nur auf die Kraft des Beispiels und die Aneignung der lebendigen Erfahrung durch die Bauernmasse rechnen darf. Wie hält sie es für zweckmäßig, den Übergang zum Sozialismus zu vollziehen? Das ist die Aufgabe, vor die jetzt die russische Bauernschaft in der Praxis gestellt ist. Wie kann sie selbst das sozialistische Proletariat unterstützen und den Übergang zum Sozialismus beginnen? Die Bauern haben bereits mit diesem Übergang begonnen, und wir haben volles Vertrauen zu ihnen. ...

Wir wissen, erst dann, wenn die Erfahrungen den Bauern zeigen, wie zum Beispiel der Austausch zwischen Stadt und Land aussehen muß, stellen sie selbst, von unten her, aufgrund ihrer eigenen Erfahrungen die Verbindung her. Andererseits zeigen die Erfahrungen des Bürgerkriegs den Vertretern der Bauern mit aller Klarheit, daß es keinen anderen Weg zum Sozialismus gibt als die Diktatur des Proletariats und die rücksichtslose Niederschlagung der Herrschaft der Ausbeuter."[16]

Militärtheoretische Überlegungen spielen für kommunistische Parteien deshalb eine große Rolle, da sie, wie bis 1959 die deutsche Sozialdemokratie, endzielorientiert sind. Wesentlicher Motor der Arbeiterbewegung waren deren endzeitliche Vorstellungen. So führte der Berliner Delegierte Heinrich Ströbel auf dem SPD-Parteitag in Görlitz 1921 aus, „... daß auch das Weltanschauungsmoment der Sozialisierung eine ungeheure Rolle für die politischen Entwicklungen spielen wird. Der Arbeiter hungert nach einem Weltanschauungsinhalt, nach großen Zielweisungen. Wenn der Proletarier nicht mehr an die Religion der Sozialisierung zu glauben vermag, die ja kein Aberglaube ist, sondern eine feste Zuversicht, die sich gründet auf die wirtschaftlichen Tatsachen und Notwendigkeiten, dann wird er an der sozialistischen Bewegung irre werden, dann wird er sich von ihr abwenden."[17] Und vier Jahre später hieß es im Heidelberger Grundsatzprogramm der SPD: „Den Befreiungskampf der Arbeiterklasse zu einem bewußten und einheitlichen zu gestalten und ihm sein notwendiges Ziel zu weisen, ist die Aufgabe der Sozialdemokratischen Partei. In ständigem Ringen und Wirken auf politischem, wirtschaftlichem, sozialem und kulturellem Gebiet strebt sie zu ihrem Endziel."[18]

Die historische Bedeutung des Parteiprogramms, die für kommunistische Parteien unverändert gültig ist, erwächst aus der tiefen Wissenschaftsgläubigkeit, mit der die sozialistische Bewegung im vorigen Jahrhundert aufgebrochen war. Karl Marx als einer ihrer Väter hatte die Geschichte der Menschheit in der Form eines Naturgesetzes verkündet: Hieraus erwuchs die Geschichtssicherheit des Sozialismus mit seiner Betonung der politischen, sozialen und ökonomischen Planbarkeit.

Der Revisionismusstreit innerhalb der SPD zwischen Karl Kautsky und Eduard Bernstein zu Beginn dieses Jahrhunderts sowie die russische Revolution machten es für die deutschen Sozialisten notwendig, sich nach rechts und nach links abzugrenzen. Die Betonung des demokratischen freiheitlichen Sozialismus war unumgänglich, da der Begriff des Sozialismus inzwischen auch von den deutschen Kommunisten zur Kennzeichnung ihrer Zielvorstellungen, die jedoch ein unterschiedliches Demokratieverständnis voraussetzten,[19] beansprucht wurde.

Revisionismusstreit und die Entwicklung nach der russischen Revolution führten innerhalb der deutschen Sozialdemokratie zwar zu einer Desillusionierung; ihrer Endzielvorstellung konnten sie jedoch, wie das Heidelberger Grundsatzprogramm von 1925 zeigt, noch nichts anhaben. Dieser Glaube wurde formal erst 1959 mit der Verabschiedung des Godesberger Programms aufgegeben. Hier heißt es: „Der demokratische Sozialismus, der in Europa in christlicher Ethik, im Humanismus und in der klassischen Philosophie verwurzelt ist, will keine letzten Wahrheiten verkünden.... Der Sozialismus ist eine dauernde Aufgabe – Freiheit und Gerechtigkeit zu erkämpfen, sie zu bewahren und sich in ihnen zu bewähren."[20]

Abgesehen von den erheblichen organisatorischen Unterschieden hat die DKP einen solchen programmatischen Wandel nicht vollzogen und nicht vollziehen können. Zwar zeigten die Marxismus-Renaissance zu Beginn der siebziger Jahre innerhalb der deutschen Sozialdemokratie wie auch das Anwachsen der Stamokap-Fraktion innerhalb der Arbeitsgemeinschaft der Jungsozialisten in der SPD ihre dauernde Affinität zu eschatologischen Weltentwürfen, doch suchen diese, im Gegensatz zu kommunistischen Programmaussagen, stets die Freiheit des Individuums zu betonen. Während die deutsche Sozialdemokratie sich der sozialen Realität der bundesdeutschen Gesellschaft angepaßt hat und hiermit im Sinne einer Integration der Arbeiterschaft in das politische Leben erfolgreich war, mißversteht die DKP politische Programmatik als säkulare Heilslehre, eine Vorstellung, die einem funktionalen Verständnis von Politik notwendigerweise entgegensteht.

Während die deutsche Sozialdemokratie gezeigt hat, daß man die Programmatik einer politischen Partei unter gewandelten sozialen Bedingungen glaubhaft verändern kann, sind kommunistische Parteien aufgrund ihrer Dogmatik und ihrer internationalen Abhängigkeit von der KP der Sowjetunion hierzu kaum in der Lage, ohne spezifisch Kommunistisches, das sie von anderen Parteien unterscheidet, aufzugeben.[21] Daher ist nicht so sehr die endzeitlich orientierte Programmatik kommunistischer Parteien das trennende Element, das kommunistische von anderen Parteien in westlichen Demokratien unterscheidet, sondern das spezifische leninsche Organisationsmuster, dem sie unterliegen. Dieses Organisationsmuster erst macht die Suche nach gutgläubigen Bündnispartnern im gesellschaftlichen Bereich notwendig, da die parteieigene Struktur wie gesagt die breite, für die Erringung von Wählerstimmen notwendige Massenbasis verhindert.

Das Organisationsmuster kommunistischer Parteien hat Lenin in seiner Schrift „Was tun?"[22] formuliert. Es ist bis heute Vorbild aller orthodox kommunistischer Parteien. Der Aufbau als Kaderpartei, das heißt die Organisation durch Berufsrevolutionäre, die unter Vermeidung der Öffentlichkeit Agitation betreiben, kennen demokratische Parteien westlicher Industriegesellschaften nicht. Die Partei Lenins ist konsequent zentralistisch organisiert und lehnt innerparteiliche Demokratie bewußt ab: „Jeder wird wohl zugeben, daß das ‚umfassende demokratische Prinzip' die beiden folgenden notwendigen Vorbedingungen einschließt: erstens vollständige Publizität und zweitens Wählbarkeit aller Funktionäre. Ohne Publizität und dazu eine Publizität, die sich nicht nur auf die Mitglieder der Organisation beschränkt, wäre es lächerlich, von Demokratismus zu reden. Als demokratisch bezeichnen wir die Organisation der deutschen sozialistischen Partei, denn in ihr geschieht alles öffentlich, die Sitzungen des Parteitages mitinbegriffen; aber niemand wird eine Organisation als demokratisch bezeichnen, die für alle Nichtmitglieder vom Schleier des Geheimnisses verhüllt ist. Es fragt sich: Welchen Sinn hat also die Aufstellung des ‚umfassenden demokratischen Prinzips‘, wenn die wichtigste Vorbedingung dieses Prinzips für eine Geheimorganisation unerfüllbar ist? Das ‚umfassende Prinzip‘ erweist sich einfach als eine tönende, aber hohle Phrase. ...

Nicht besser steht es auch mit dem zweiten Merkmal des Demokratismus, mit der Wählbarkeit. In Ländern mit politischer Freiheit ist diese Bedingung eine Selbstverständlichkeit. ... Die ‚natürliche Auslese‘ durch die volle Publizität, durch die Wählbarkeit und die allgemeine Kontrolle gibt die Sicherheit, daß jeder Funktionär schließlich am rechten Platz steht, daß er die seinen Kräften und Fähigkeiten am meisten entsprechende Arbeit übernimmt, alle Folgen seiner Fehler an sich selbst erfährt und vor aller Augen seine Fähigkeit beweist, Fehler einzusehen und zu vermeiden.

Nun versuche man einmal, dieses Bild (der deutschen Sozialdemokratie) in dem Rahmen unserer Selbstherrschaft unterzubringen! Ist es bei uns denn denkbar, daß alle, die sich zu den Grundsätzen des Parteiprogramms bekennen und die Partei nach Kräften unterstützen, jeden Schritt eines konspirativ arbeitenden Revolutionärs kontrollieren? Daß sie alle den einen oder anderen aus der Zahl der konspirativ arbeitenden Revolutionäre wählen, während doch der Revolutionär im Interesse der Arbeit verpflichtet ist, vor neun Zehnteln dieser ‚allen‘ zu verbergen, wer er ist?"[23]

Da Lenin die Bedingungen politischer Arbeit im Deutschen Reich als mit der Situation in Rußland nicht vergleichbar darstellt und sie als Rechtfertigung für seine „Partei neuen Typus" heranzieht, muß die Bildung kommunistischer Parteien neben bestehenden sozialistischen oder sozialdemokratischen Parteien in westlichen Industrienationen als überflüssig oder als außenpolitisches Instrument zur Durchsetzung eines sowjetrussischen Hegemonieanspruchs verstanden werden.

Lenin wandte sich heftig gegen jede Strömung, die der „Spontaneität proletarischer Massenbewegung" Bedeutung beimaß. Da Berufsrevolutionären die Führung der Arbeiterschaft vorbehalten sein sollte, mußte die Revolution planbar sein. Die Partei war somit eher als Elitepartei, denn als Massenpartei zu verstehen. Insofern kann sich die Deutsche Kommunistische Partei angesichts ihrer stagnierenden Mitgliederzahlen auf das Konzept Lenins berufen, wenn auch diese Stagnation eher ungewollt als beabsichtigt ist.

Als Eliteorganisation hat die Kommunistische Partei in ihrer Theorie Führungsfunktion für die Arbeiterschaft: „Das politische Klassenbewußtsein kann den Arbeitern nur von außen gebracht werden, das heißt aus einem Bereich außerhalb des ökonomischen Kampfes, außerhalb der Sphäre der Beziehungen zwischen Arbeitern und Unternehmern. Das Gebiet, aus dem allein dieses Wissen geschöpft werden kann, sind die Beziehungen aller Klassen und Schichten zum Staat und zur Regierung, sind die Wechselbeziehungen zwischen sämtlichen Klassen. Deshalb darf man auf die Frage: Was ist zu tun, um den Arbeitern politisches Wissen zu vermitteln? – nicht allein die Antwort geben, mit der sich in den meisten Fällen die Praktiker begnügen – ..., nämlich die Antwort: Zu den Arbeitern gehen. Um den Arbeitern politisches Wissen zu vermitteln, müssen die Sozialdemokraten[24] in alle Klassen der Bevölkerung gehen, müssen sie die Abteilungen ihrer Armee in alle Richtungen aussenden."[25]

Mit diesem Hinweis auf die verschiedenen Schichten der Bevölkerung weicht Lenin offensichtlich von dem starren Klassenantagonismus ab, dessen Ursache Marx noch in dem Eigentum oder Nichteigentum an Produktionsmitteln sah, und das er als den Grundwiderspruch industrieller Gesellschaften verstand.

Während Lenin alle gesellschaftlichen Schichten für seine Bewegung aktivieren wollte, geriet in westlichen kommunistischen Parteien in den zwanziger Jahren der Gedanke des Alleinvertretungsanspruchs kommunistischer Parteien für die Arbeiterschaft zunehmend in den Vordergrund (siehe hierzu den Abschnitt zur Volksfront, Seite 55). „Um aber den Arbeitern wirkliches, allseitiges und lebendiges politisches Wissen zu vermitteln, brauchen wir unsere eigenen Leute, Sozialdemokraten überall, in allen Gesellschaftsschichten, in allen Positionen, wo sie die Möglichkeit haben, die inneren Triebfedern unseres Staatsmechanismus kennenzulernen. Und solche Leute braucht man nicht nur für die Propaganda und Agitation, sondern noch viel mehr für die organisatorische Arbeit."[26]

Konkret schlugen sich die parteitheoretischen Überlegungen Lenins in dem Begriff des demokratischen Zentralismus nieder, der heute für alle orthodox kommunistischen Parteien als Strukturprinzip verbindlich ist. „Jede marxistisch-leninistische Partei ist nach den Prinzipien des demokratischen Zentralismus aufgebaut. Das bedeutet: Leitung der Partei von einem gewählten Zentrum aus; periodische Wahl aller leitenden Parteiorgane von unten nach oben; Kollektivität der Leitung; periodische Rechenschaftspflicht der Parteiorgane vor den Organisationen, durch die sie gewählt wurden; straffe Parteidisziplin und Unterordnung der Minderheit unter die Mehrheit; unbedingte Verbindlichkeit der Beschlüsse der höheren Organe für die unteren Organe und die Mitglieder, deren vielfältige Erfahrungen in die Beschlüsse der höheren Organe einfließen; aktive Mitarbeit der Parteimitglieder in ihren Organisationen zur Durchsetzung der Beschlüsse. Der demokratische Zentralismus verbindet so einen straffen Zentralismus mit breiter innerparteilicher Demokratie und ist entsprechend für die Einheit und Geschlossenheit, die Erhaltung der Kampfkraft der marxistisch-leninistischen Partei als Führerin der Arbeiterklasse und aller Werktätigen. Ausgehend von der führenden Rolle der marxistisch-leninistischen Partei der Arbeiterklasse, findet der demokratische Zentralismus in der Sowjetunion und in anderen sozialistischen Ländern in der gesamten politischen Organisation der Gesellschaft Anwendung. Als Organisationsprinzip wurde er auch von anderen Parteien und Organisationen übernommen, zum Beispiel von den demokratischen Parteien und Massenorganisationen in der DDR...

Als staatliches Leitungsprinzip besteht der demokratische Zentralismus in der festen Einheit von zentraler Leitung und Planung und demokratischer Initiative der Werktätigen, in der Wählbarkeit der Organe der Staatsmacht – der Volksvertretungen – und ihrer Rechenschaftspflicht gegenüber den Bürgern, in der Verbindlichkeit der Gesetze und Beschlüsse von oben nach unten, in der schöpferischen Mitwirkung der Werktätigen und ihrer gesellschaftlichen Organisationen an der Ausarbeitung und Durchführung staatlicher Beschlüsse und in der Durchsetzung einer bewußten Staatsdisziplin zu ihrer Verwirklichung. Der demokratische Zentralismus ist die Gewähr für ein reibungsloses und einheitliches Funktionieren des gesellschaftlichen Lebens auf allen Gebieten und in allen Orten des Landes. Er ermöglicht es, die zentrale staatliche Leitung und Planung, die eine notwendige Bedingung für die Wahrung der politischen Macht der Arbeiterklasse ist, mit der gesellschaftlichen Initiative der Werktätigen, mit der Vielfalt von Wegen, Methoden und Mitteln zur Erreichung des gemeinsamen Zieles zu verbinden. Er verhindert, daß die Entfaltung der Masseninitiative durch einen lokalen oder ressortmäßigen Egoismus oder durch eine bürokratische Reglementierung von oben beschränkt wird. In diesem Sinne ist der demokratische Zentralismus in der Verfassung der DDR verankert..."[27]

Kommunistische Parteien verstehen unter Demokratie offensichtlich etwas anderes als die sogenannte bürgerliche Ideologie. Während zu den Prinzipien westlicher Demokratien die Freiheit der Parteibildung, eine möglichst große Transparenz der Entscheidungsprozesse sowie eine dezentrale Parteiorganisation mit autonomen Basisorganisationen gehören, haben diese Prinzipien keinen Raum im kommunistischen Partei- und Staatsverständnis. Ebenso ist jede innerparteiliche Fraktionsbildung verboten. Im Programm der Deutschen Kommunistischen Partei heißt es: „Kommunisten lassen sich stets von dem Grundsatz leiten, daß nur ein einheitliches, von der ganzen Partei getragenes Handeln das Unterpfand ihrer Aktionsfähigkeit und Stärke ist. Darum verbindet sich in der DKP breite innerparteiliche Demokratie unlöslich mit dem Grundsatz der vereinigten, zentralisierten Aktion. Die Teilnahme aller Parteimitglieder an der Diskussion und Erarbeitung der Politik der DKP, die Rechenschaftspflicht der gewählten Funktionäre und Vorstände vereinigen sich mit der Anerkennung der Verbindlichkeit der Beschlüsse der Parteitage und des Parteivorstands für die gesamte Partei. Die Beschlüsse der jeweils höheren gewählten Vorstände sind verbindlich für die nachgeordneten Parteiorganisationen. Die Bildung von Fraktionen ist unvereinbar mit dem einheitlichen Handeln der Partei."[28]

So wählt denn auch die Deutsche Kommunistische Partei ihren Parteivorstand unter Ausschluß der Öffentlichkeit mit durchweg 98 bis 100 Prozent Zustimmung. Überraschen mag die Tatsache, daß bei über 90 zu wählenden Parteivorstandsmitgliedern der DKP kein Kandidat aufgrund zu geringer Stimmenzahl erfolglos kandidiert.

Solches Demokratieverständnis wird verständlich, da der Kommunismus seine Ideologie als „wissenschaflich" vorstellt, über deren Ergebnisse man nicht diskutieren kann. Wissenschaftlichkeit bedeutet daher einen Wahrheitsanspruch der Partei, was im Verständnis westlicher pluralistischer Demokratien eher im Bereich des Glaubens angesiedelt werden muß. Es ist auch nicht vorstellbar, wie die Verbindung von wissenschaftlichem Sozialismus, der Avantgarde-Rolle der Partei und von demokratischem Zentralismus zu einer pluralistischen Demokratie führen könnte. Alle diese Elemente widersprechen einem pluralistischen Demokratieverständnis.

Von der Parteiorganisation auf die Form staatlicher Willensbildung übertragen, bedeutet das kommunistische Demokratieverständnis ein Rätesystem, dem ein der leninistischen Form entsprechender demokratischer Zentralismus aufgesetzt wurde. Es bedeutet eine Trennung der Ebene umfassender Diskussionen im Volk von der zentralisierten Entscheidungsbefugnis in den Spitzengremien der Partei. Es bedeutet eine bedingungslose Unterordnung der Basis unter die gewählten Entscheidungsgremien. Damit wird die in seiner Theorie vom Rätesystem angestrebte Identität von Herrschern und Beherrschten und der damit beabsichtigte Abbau von Herrschaft zunichte gemacht.

2. Das Ziel

Ausgehend von ihren taktischen Überlegungen ist Bündnispolitik ein Begriff, der sich aus dem Selbstverständnis kommunistischer Parteien als „Partei neuen Typus" notwendigerweise als Instrument ableitet. Da kommunistische Parteien in der geistigen Tradition von Karl Marx und Friedrich Engels seit Lenin als säkulare Glaubensorganisationen mit konspirativem Charakter auftreten, müssen sie sich ihre Unterschiedlichkeit von bürgerlich-demokratischen Parteien vorhalten lassen. Ihre Organisationsstruktur zwingt kommunistische Parteien, gesellschaftliche Organisationen im vorpolitischen Raum als Transmissionsriemen ihrer politischen Ideen zu gebrauchen. Im Unterschied zu bürgerlich-demokratischen Parteien, die häufig selbst derartige Vorfeldorganisationen gründen, suchen kommunistische Parteien bereits bestehende gesellschaftliche Organisationen für ihre Zielsetzung zu instrumentalisieren oder die Zielsetzung solcher Organisationen, wie beispielsweise der ökologischen, der Friedens- oder der Gewerkschaftsbewegung, als ihr ureigenes Ziel vorzustellen. Dabei kollidieren zuweilen die heterogenen Vorstellungen unterschiedlicher gesellschaftlicher Bewegungen. Dieses Problem suchen kommunistische Parteien durch die ausschließliche Darstellung der favorisierten Themen zu vermeiden. So unterstützt beispielsweise die Deutsche Kommunistische Partei sowohl die ökologisch orientierten Forderungen der Grünen wie auch die beschäftigungsorientierten Forderungen der Gewerkschaftsbewegung.

Da kommunistische Parteien inzwischen den Begriff der Revolution nicht mehr ausschließlich im traditionellen Sinne eines notwendigerweise gewaltsamen Umsturzes der gesellschaftlichen Verhältnisse definieren, sondern unter Revolution durchaus einen – wenn auch radikalen – Prozeß sozialen Wandels verstehen, brauchen auch kommunistische Parteien in Demokratien westlicher Industrienationen politische Mehrheiten. Da diese von kommunistischen Parteien allein kaum erzielt werden können, sind sie auf Bündnispartner angewiesen. Darum suchen sie im gesellschaftlichen Bereich durch die Bildung von Tarnorganisationen einerseits und durch die Unterwanderung bereits bestehender Organisationen andererseits zu einer wirksamen Massenbasis zu gelangen. Hiermit sollen zugleich Ressentiments gegenüber der Andersartigkeit kommunistischer Parteien abgebaut werden.

In der konkreten Situation westlicher Industriegesellschaften fehlt kommunistischen Parteien unter den geschilderten Umständen das für den politischen Erfolg notwendige Sympathisantenpotential – sie selbst sprechen von der notwendigen „Massenbasis". Sie taktieren, um durch gezielte Bündnisse mit nichtkommunistischen Parteien und Gruppierungen ihre Wählerbasis zu vergrößern. Diese taktische Überlegung geht davon aus, daß die Arbeiterklasse sich nur vom Kapitalismus befreien und den Sozialismus und Kommunismus aufbauen kann, wenn sie zugleich für die völlige Befreiung der ganzen Gesellschaft von Ausbeutung und Unterdrückung eintritt.

„Zur Verwirklichung ihrer historischen Mission bedarf sie der marxistisch-leninistischen Partei... Das Ziel der Bündnispolitik besteht darin, gemeinsam mit allen Unterdrückten und Ausgebeuteten die politische Macht zu erobern, die Diktatur des Proletariats als Ausdruck der Staatsmacht zu errichten, um in einem längeren historischen Prozeß die Spaltung der Gesellschaft in Klassen zu überwinden und die klassenlose Ordnung des Kommunismus zu schaffen."[29]

In den Leitsätzen der DKP, verabschiedet von ihrem Düsseldorfer Parteitag 1971, heißt es hierzu: „Die DKP kämpft für das demokratische Bündnis aller antimonopolistischen Kräfte in der Bundesrepublik."[30] Und im Parteiprogramm der DKP heißt es: „Die DKP betrachtet die Entwicklung vielfältiger Bewegungen für Frieden und Abrüstung, für die Verteidigung demokratischer Rechte, für soziale und kulturelle Anliegen, die Rechte der Frau und den Umweltschutz als wichtige Errungenschaft der fortschrittlichen Kräfte unseres Landes. Sie arbeitet aktiv in den demokratischen Bewegungen, Bürgerinitiativen und Bündnissen mit. Sie fragt in ihnen nicht nach Weltanschauung oder Konfession. Sie geht davon aus, daß Inhalt und Form des Kampfes durch die jeweiligen Bewegungen selbst bestimmt werden."[31]

So versucht die DKP in ihrem Parteiprogramm Sozialdemokraten, Gewerkschaften, ausländische Arbeiter, die Jugend, Frauen, die ältere Generation, die Bauern, die „Intelligenz", die Mittelschichten, Christen wie spontane Bewegungen als Partner ihres „antimonopolistischen Bündnisses" zu vereinnahmen. „Die DKP ist immer bemüht, Bündnispartner davon zu überzeugen, daß es notwendig ist, punktuelle Bündnisse zu umfassenderen demokratischen Bündnissen zu erweitern. Das ist ein gangbarer Weg zur Herausbildung einer allseitigen Zusammenarbeit aller fortschrittlichen Kräfte, programmatische Plattform für tiefgreifende gesellschaftliche Umgestaltungen in der Bundesrepublik."[32]

Der Begriff der kommunistischen Bündnispolitik geht damit weit über Koalitionen demokratischer Parteien hinaus. Während Koalitionen formale, zeitlich befristete Vereinbarungen von Parteien oder Fraktionen sind, deckt das taktisch motivierte Bündnis darüber hinaus punktuelle Vereinbarungen im gesellschaftlichen Raum ab.

Lenin wird in diesem Zusammenhang ohne Beleg der Begriff der „nützlichen Idioten" zugeschrieben, die zur

Machterlangung gut genug sind, und von denen man sich nach der Machterringung trennen könne.[33] Koalitionen im parlamentarischen Sinne sind zur Mehrheitsbildung notwendig; ihre Auflösung führt unumgänglich zu einer veränderten Koalitionssituation oder zur Preisgabe der parlamentarischen Mehrheit. Als Beispiel für die leninsche Taktik, realisiert von der politischen Rechten und über den Umweg parlamentarischer Mehrheiten, ist die Machtergreifung Adolf Hitlers und die sukzessive Ausschaltung der Opposition wie der parlamentarischen Koalitionspartner zu sehen.

3. Die Partner

Aufgrund des Ausbleibens des vorausgesagten, durch ökonomische Krisen verursachten Zusammenbruchs marktwirtschaftlich strukturierter Gesellschaften sahen sich die kommunistischen Parteien gezwungen, neue Erklärungsmuster für dieses Ausbleiben und neue Bündnispartner für ihren politischen Kampf zu suchen. Ging Karl Marx noch von der Dichotomie des Produktionsmitteleigentums oder -nichteigentums aus, suchte Lenin den Kapitalismus mit dem Imperialismus zu identifizieren und das Ausbleiben der marxschen Überproduktionskrisen durch verstärkten Export in koloniale Gebiete zu erklären,[34] so sahen sich die kommunistischen Theoretiker nach dem Zweiten Weltkrieg aufgrund der Entwicklung gezwungen, die Geschichte des „Kapitalismus" durch die Bildung einer neuen Phase der gesellschaftlichen Entwicklung, des „Spätkapitalismus" zu modifizieren. Die für Kommunisten verbindliche Analyse westlicher Industriegesellschaften, die Theorie des „staatsmonopolistischen Kapitalismus", wurde in den sechziger Jahren in der DDR neu formuliert und fand in der 800seitigen Arbeit „Imperialismus heute"[35] ihren Niederschlag. Die Theorie des

„staatsmonopolistischen Kapitalismus" bildet gleichzeitig kommunistische Analyse entwickelter marktwirtschaftlicher Gesellschaftsordnungen, wie der Vereinigten Staaten von Amerika und der Bundesrepublik Deutschland und strategische Anweisung für den Kampf um eine sozialistische Gesellschaft. Ihre Ursprünge gehen auf Lenin zurück. Sie bildet offizielle Theorie der sozialistischen Einheitspartei Deutschlands wie auch der Deutschen Kommunistischen Partei der Bundesrepublik.

In der SPD faßte die Theorie des „staatsmonopolistischen Kapitalismus" zunächst in der Arbeitsgemeinschaft der Jungsozialisten Fuß, in der sie inzwischen die größte Fraktion stellt.[36] Ihr antiautoritärer Aufbruch in München 1969 bewirkte zunächst, daß das Toleranzangebot, von dem Kurt Schumacher ausging, wonach es gleichgültig sei, aus welchem Antrieb jemand zur Sozialdemokratie stoße – ob aus marxistischer Gesellschaftsanalyse, philosophischer Erkenntnis oder aus dem Geist der Bergpredigt[37] –, hinfällig wurde, und daß die marxistische Gesellschaftsanalyse für die Arbeitsgemeinschaft der Jungsozialisten zur ausschließlichen Begründung ihres politischen Handelns wurde. Diesen Standpunkt bestätigte der damalige Bundesvorsitzende Karsten Voigt auf dem außerordentlichen Bundeskongreß der Jungsozialisten zur politischen Ökonomie und zur Strategie vom 11. und 12. Dezember 1971 in Hannover: „Zweifellos sind die Jungsozialisten so wie vorher schon in einigen Bezirken seit ihrem Münchner Kongreß auch auf Bundesebene ohne eine Wiederaufnahme der Schriften von Karl Marx nicht zu verstehen. Man kann uns deshalb nach dem üblichen Sprachgebrauch nicht ganz zu Unrecht in der Öffentlichkeit und Presse als Marxisten bezeichnen."[38]

Dieser ausschließlichen Bezugnahme auf Karl Marx folgte im Zuge der innerverbandlichen Fraktionierung der Jungsozialisten die zunehmende Mehrheitsbildung der Stamokap-Fraktion. Während sich der SPD-Parteivorstand zunächst noch gegen diese Entwicklung sträubte und den Juso-Bundesvorsitzenden Klaus-Uwe Benneter, der dieser Fraktion angehörte, mit dem Parteiausschluß belegte, griff der ehemalige Hamburger Erste Bürgermeister Hans-Ulrich Klose diese Theorie in einem Interview auf: „So würde ich heute nicht mehr ohne weiteres bereit sein, die Analyse von Stamokap als ganz und gar falsch zurückzuweisen. Ich halte die Therapievorschläge von Stamokap nach wie vor nicht für richtig, aber mindestens Teile der Analyse finden – wenn ich das vorsichtig formuliere – eine gewisse Entsprechung in der Wirklichkeit."[39]

Es wäre sinnvoller erschienen, wenn Hans-Ulrich Klose sich nicht auf die kommunistische Stamokap-Theorie mit all ihren marxistischen Implikationen berufen hätte, deren Problematik gerade die Verknüpfung von Gesellschaftsanalyse und kommunistischer Endzielstrategie ist. Plausibler erschien zur Kritik westlicher Industriegesellschaften aus der Tradition des amerikanischen Liberalismus die Feststellung John Kenneth Galbraith's von dem militärisch-industriellen Komplex.[40] Auch wenn man die Konzentration und die Zentralisation der Wirtschaft und den damit verbundenen zunehmenden Einfluß des wirtschaftlichen auf den politischen Bereich im Sinne einer marktwirtschaftlichen Gestaltung des ökonomischen und einer demokratischen Legitimation des politischen Sektors für disfunktional hält, bedeutet diese Entwicklung keine Verschwörung weniger Monopole, personifiziert in einigen Monopolherren, zur Erhaltung ihrer politischen Macht.

Die Stamokap-Theorie bedeutet die erste ernstzunehmende Weiterentwicklung des dogmatischen Marxismus seit Lenin. Die kommunistischen Klassiker boten keine Erklärung für das stürmische wirtschaftliche Wachstum, den steigenden Wohlstand auch der abhängig Beschäftigten, die wirtschaftliche Integration im Rahmen der Europäischen Gemeinschaft und für das Ausbleiben größerer Wirtschaftskrisen.

Die ökonomische Krise hat für Kommunisten einen zentralen Stellenwert: in der Krise sah Lenin die Chance zur Revolution, da dem wirtschaftlichen Niedergang ein Aufschwung der revolutionären Aktivitäten entspreche (Ebbe- und Flut-Theorie der revolutionären Bewegung). Ohne die erwartete ökonomische Krise sahen sich Kommunisten daher zunehmend vor der Schwierigkeit, die politische Revolution zu vertagen. Einen Ausweg aus diesem Dilemma sollte die Theorie des staatsmonopolistischen Kapitalismus darstellen. Daß der weitverbreitete Erfahrungssatz, wonach ökonomische Krisen tendenziell zu politischem Extremismus führen, gegenwärtig nicht gültig ist, muß auf deutsche Kommunisten niederschmetternd wirken: trotz erheblicher Preissteigerungsraten in den letzten Jahren, und trotz für die Bundesrepublik Deutschland früher unbekannten Arbeitslosenzahlen erreichte die DKP in Bundestagswahlen nur sukzessiv abnehmende Stimmenzahlen. Hiermit ist jedoch die leninsche These nur insofern widerlegt, als die Bedingungen der sozialen Sicherung und der Rahmen der politischen Ordnung in der Bundesrepublik Deutschland derart ausgestaltet sind, daß sie die Entwicklung politischen Extremismus zu hindern vermögen. Die Situation der sechziger Jahre, als auf wirtschaftlicher Seite eine Rezession und auf politischer Seite mit der Bildung der Großen Koalition der Fortfall einer glaubhaften Opposition zusammentrafen, zeigt, daß diese Bedingungen keine Garantie sind. Beide Faktoren gemeinsam führten zu Erscheinungen wie der außerparlamentarischen Opposition und der Bildung von NPD und DKP. Die Stamokap-Theorie geht davon aus, daß in westlichen Industriegesellschaften die Unternehmenskonzentration derart zugenommen habe, daß die Rolle, die in früheren Stadien der gesellschaftlichen Entwicklung „das Kapital" spielte, heute von „wenigen Monopolen" übernommen worden ist. Der alte marxistische Gegensatz von Arbeit und Kapital wird damit zu einem Gegensatz der Monopole gegenüber dem Mittelstand, den Kleingewerbetreibenden und den Lohnabhängigen modifiziert. Monopolisierung ist gemäß der Stamokap-Theorie die Antwort des Kapitalismus auf die sich angeblich verschärfenden Systemwidersprüche.

Monopolisierung garantiert jedoch nach der Stamokap-Theorie nur eine zeitweilige Verdrängung dieser Widersprüche, nicht ihre Überwindung. Die Monopole geraten damit in Widerspruch auch zu den nichtmonopolistischen Kräften im bürgerlichen Lager, die an der Erhaltung des Kapitalismus interessiert sind.

Anders als der klassische Marxismus mit seinem scharfen Gegensatz von Bourgeoisie und Arbeiterklasse differenziert die Stamokap-Theorie das bürgerliche Lager: Herrschende Klasse ist nicht mehr die Bourgeoisie, sondern lediglich die Monopole. Sie müssen zur Sicherung ihrer Herrschaft nicht nur die Arbeiterklasse ausbeuten, sondern auch die unternehmerischen Nichtmonopole. Die Interessen auch der nichtmonopolistischen Kapitalisten sind danach denen der Monopole entgegengesetzt. Die nichtmonopolistischen Schichten sind mithin bündnisfähig für die Arbeiterklasse, die von der kommunistischen Partei repräsentiert wird (Strategie des antimonopolistischen Bündnisses). Bündniswillig werden diese Schichten durch die Einsicht in die objektive Lage ihrer Abhängigkeit. Diese Einsicht zu vermitteln sei Aufgabe der sozialdemokratischen und kommunistischen Parteien.

Für Marxisten spielt der Staat bereits bei der Herausbildung der kapitalistischen Produktionsweise eine wesentliche Rolle: „... die Staatsmacht, die konzentrierte und organisierte Gewalt der Gesellschaft," wurde bei Marx dazu benutzt, „den Verwandlungsprozeß der feudalen in die kapitalistische Produktionsweise treibhausmäßig zu fördern und die Übergänge abzukürzen."[41]

Der Staat ist für Marxisten gemäß der Basis-Überbau-Theorie Herrschaftsinstrument der jeweils Mächtigen. In der Staatstheorie Friedrich Engels geriet er gar zum „ideellen Gesamtkapitalisten": „Und der moderne Staat ist wieder nur die Organisation, welche sich die bürgerliche Gesellschaft gibt, um die allgemeinen äußeren Bedingungen der kapitalistischen Produktionsweise aufrecht zu erhalten gegen Übergriffe sowohl der Arbeiter wie der angestellten Kapitalisten. Der moderne Staat, was auch seine Form, ist eine wesentliche kapitalistische Maschine, Staat der Kapitalisten, der ideelle Gesamtkapitalist."

Und in konsequenter Fortsetzung: „Je mehr Produktivkräfte er in sein Eigenthum übernimmt, desto mehr wird er wirklicher Gesamtkapitalist, desto mehr Staatsbürger beutet er aus. ... Das Kapitalismusverhältnis wird nicht aufgehoben, es wird vielmehr auf die Spitze getrieben. Aber auf der Spitze schlägt es um. Das Staatseigentum an den Produktivkräften ist nicht die Lösung des Konflikts, aber es birgt in sich das formelle Mittel, die Handhabe der Lösung."[42] Der festgestellte Wandel in der Wirtschaftsstruktur bedeutet gleichzeitig einen Wandel des Staates: Er ist in sogenannt spätkapitalistischen Gesellschaften nicht mehr das politische Instrument der Bourgeoisie, sondern Büttel der Monopole.

Zugleich wird heute ein Wandel in den Methoden der Herrschaftssicherung des Staates festgestellt: er sichert die Macht der Monopole nicht mehr im klassisch marxistischen Sinne lediglich durch seine politischen Machtmittel Armee und Polizei, sondern durch staatliche Interventionen im ökonomischen Bereich zugunsten der Monopole. Damit nimmt die kommunistische Kapitalismustheorie erstmals staatliche Wirtschaftspolitik im Kapitalismus als „staatsmonopolistische Regulierung des Produktionsprozesses" zur Kenntnis. Während Karl Marx von der Anarchie der Produktion als dem typischen Merkmal des Kapitalismus sprach, sieht die Theorie des staatsmonopolistischen Kapitalismus in einem beschränkten Maße die Möglichkeit bewußter Lenkung der Produktion. Ihr zufolge hat sie Methoden und Möglichkeiten entwickelt, die traditionellen Überproduktionskrisen des Kapitalismus zu verhindern. „Nach dem Zweiten Weltkrieg hat sich ... das Hinüberwachsen des monopolistischen in ein umfassendes Gesamtsystem des staatsmonopolistischen Kapitalismus endgültig vollzogen. Seine Existenz bildet ein hervorragendes Merkmal des heutigen Imperialismus. Ungeachtet der Verschiedenartigkeit und des Wechsels der Formen ist die Herausbildung des staatsmonopolistischen Kapitalismus ein objektiv bedingter, gesetzmäßiger Prozeß, der untrennbar mit der Herrschaft der Monopole verbunden ist."[43]

Da für Karl Marx der Staat das Instrument der jeweils herrschenden Klasse war, mußte dieser notwendigerweise in einem System des staatsmonopolistischen Kapitalismus zu einem Büttel der Monopole degenerieren. Inkonsequent erscheint die Stamokap-Theorie jedoch, wenn sie über das Instrument des Staates die Wirtschafts-und Gesellschaftsordnung zu verändern sucht, da der Staat ausdrücklich als abhängige Variable der jeweiligen Gesellschaftsordnung bezeichnet wird. Unter dieser Annahme erschiene es konsequenter, über eine Veränderung der einzelnen Komponenten der Wirtschafts- und Gesellschaftsordnung eine Veränderung des Staates anzustreben. Hier wird die theoretische Stringenz zugunsten der politisch strategischen Zielsetzung verlassen.

Die Theorie des staatsmonopolistischen Kapitalismus, die sich die Veränderung der Gesellschaft zum Ziel gesetzt hat, trachtet danach, sich der Staatsorgane zu bemächtigen. Insofern ist sie Gesellschaftsanalyse und Handlungsanleitung zur Überwindung einer marktwirtschaftlichen Wirtschaftsordnung zugleich. „Die Herausbildung von Elementen des staatsmonopolistischen Kapitalismus begann in Deutschland schon sehr frühzeitig in enger Verbindung mit dem Übergang zum Imperialismus. Der Eintritt des Kapitalismus in seine allgemeine Krise und deren Auswirkungen auf Deutschland brachten diesen Prozeß zur vollen Entfaltung. So ist die Entwicklung des staatsmonopolistischen Kapitalismus sowohl Folge als auch Ausdruck des Niedergangs des deutschen Imperialismus."[44]

Die Stamokap-Theorie bildet den Versuch einer Lösung aus der ungeheuren kommunistischen Verlegenheit, wonach seit 100 Jahren der Zusammenbruch marktorientierter Wirtschaftsordnungen vorausgesagt wird. Tatsächlich hat es zu Marxens Zeiten weder Geld-, noch Kartell- oder eine Sozialpolitik gegeben.

Der Gesellschaftsanalyse folgt in der Stamokap-Theorie die strategische Anleitung. Aufgrund der vorangegangenen Analyse muß die sozialistische Gesellschaft in einem staatsmonopolistischen System durch die Inbesitznahme des Staates erreicht werden können. Als Mittel hierzu dient das „breite antimonopolistische Bündnis", dem von Teilen der Sozialdemokratie Sympathien entgegengebracht wird.

Mit dieser taktisch motivierten Weiterentwicklung der leninschen Imperialismustheorie ist eine Erweiterung potentieller kommunistischer Bündnispartner verbunden. Im Parteiprogramm der Deutschen Kommunistischen Partei schlägt sich dieser Anspruch unmittelbar nieder: „Aus diesem grundlegenden gesellschaftlichen Gegensatz erwächst die Notwendigkeit und die Möglichkeit des gemeinsamen Handelns der Arbeiterklasse und eines breiten Bündnisses aller nichtmonopolistischen Kräfte. Allerdings besteht zwischen der objektiven gesellschaftlichen Lage der vom Monopolkapital ausgebeuteten und bedrängten Klassen und Schichten einerseits und ihrer Erkenntnis durch die Betroffenen andererseits noch eine tiefe Kluft. Sie zu überwinden ist von erstrangiger Bedeutung für eine erfolgreiche Politik der Aktionseinheit und des demokratischen Bündnisses. Dafür wirkt die DKP."[45]

Und an anderer Seite formuliert das Parteiprogramm: „Die DKP unterstützt die Forderungen der Bauern, der Intelligenz sowie der übrigen Mittelschichten nach Existenzsicherung, nach sozialem und demokratischem Fortschritt. Ihre Anliegen können am wirksamsten an der Seite der Arbeiterklasse vertreten werden. Die DKP ist stets darum bemüht, in der Arbeiterklasse die Überzeugung zu stärken, daß die Bauern, die Geistesschaffenden und die anderen werktätigen Volksschichten Verbündete im Kampf gegen das Großkapital sind, Partner der Arbeiterklasse in einem breiten antimonopolistischen Bündnis, das für die Durchsetzung des gesellschaftlichen Fortschritts in der Bundesrepublik unerläßlich ist."[46]

Die Theorie des staatsmonopolistischen Kapitalismus ist ein Versuch, angesichts der gesellschaftlichen Entwicklung unter Beibehaltung des Klassenantagonismus die Klassengrenzen für die Übergangszeit des antimonopolistischen Kampfes neu zu definieren. Nach erfolgreichem Kampf werden die Klassengrenzen wieder gemäß der marxschen Theorie korrigiert und die zur Zeit bündnisfähigen Mittelschichten, worunter unter anderem das Handwerk und die mittelständische Wirtschaft verstanden werden, ebenfalls der Diktatur des Proletariats unterworfen.

Bündnispolitik wurde als taktisches Konzept kommunistischer Parteien zum einen aus der Konzeption dieser Parteien als „Parteien neuen Typus" notwendig, zum anderen aus der theoretischen Begründung, wie sie mit der Theorie des staatsmonopolistischen Kapitalismus erklärt wurde. Was im klassischen Marxismus als Antikapitalismus galt, bei Lenin aus propagandistischen Gründen zum Antiimperialismus wurde, wandelte sich in der Terminologie der Kommunistischen Internationale zum Antifaschismus, um aus bündnisstrategischen Gründen im Antimonopolismus seinen Niederschlag zu finden.

Die Entwicklung der Theorie des staatsmonopolistischen Kapitalismus war Voraussetzung dafür, daß man von einem Wandel in der Bündnispolitik kommunistischer Parteien sprechen kann: Früher erhoben kommunistische Parteien den Anspruch, alleinige Vertreter der Arbeiterschaft zu sein. Da sie mit diesem Anspruch in Kollision zu sozialdemokratischen und sozialistischen Parteien gerieten, diese ihnen ein mehrheitsfähiges Wählerpotential vereitelten, die entwickelten Industriegesellschaften sich zunehmend differenzierten, versuchen kommunistische Parteien heute, ihre Bündnisbemühungen über den Kreis arbeiter-orientierter Organisationen auf tendenziell bürgerliche und intellektuelle Gruppierungen auszudehnen. Diese Bemühungen theoretisch zu legitimieren, wurde die Theorie des staatsmonopolistischen Kapitalismus entwickelt.

II. Formen kommunistischer Bündnispolitik

Die Partei, die sich darauf beruft, das Gedankengut von Karl Marx, Friedrich Engels und Wladimir Iljitsch Lenin in der Bundesrepublik zu vertreten, ist die Deutsche Kommunistische Partei. „Politischer Kompaß der DKP und wissenschaftliches Fundament ihrer Politik ist die Lehre von Marx, Engels und Lenin. Die DKP wendet diese wissenschaftliche Weltanschauung der Arbeiterklasse schöpferisch auf die konkreten Bedingungen der Bundesrepublik an."[47]

Die DKP wurde im September 1968 als informelle Nachfolgeorganisation der 1956 vom Bundesverfassungsgericht verbotenen KPD gegründet. Zunächst führte die alte KPD ihren „Kampf für die Aufhebung des KPD-Verbots". Im Februar 1968 entsandte sie drei bis dahin in der KPD-Führung in Ostberlin tätig gewesene Spitzenfunktionäre, Max Schäfer, Herbert Mies und Grete Thiele mit dem Auftrag ins Bundesgebiet, einen Programmentwurf der KPD auf einer Pressekonferenz öffentlich bekanntzumachen. Diese wurde von den zuständigen Behörden unter Berufung auf das KPD-Verbot verhindert. Die KPD versuchte, „durch offene Arbeit vollendete Tatsachen zu schaffen und dadurch das KPD-Verbot in Frage zu stellen. Die allgemeine politische Entwicklung und die Neufassung des Staatsschutzstrafrechts erschienen jetzt dafür besonders günstig."[48]

Mit der Gründung der DKP im September 1968 liefen diese Bestrebungen aus; mit Ausnahme der Irritation einiger Altkommunisten in der Bundesrepublik war eine sukzessive Übernahme der Funktionärskader der Kommunistischen Partei Deutschlands in die neugegründete DKP zu beobachten. Dementsprechend flossen Rituale und Sprachregelungen des orthodoxen Kommunismus nahtlos in die neue Organisation ein.

Als vorläufig letzter Zustandsbericht dieser Partei mag der 6. Parteitag der DKP, der Trägerorganisation kommunistischer Bündnispolitik, vom 29.–31. Mai 1981 in Hannover gelten. Unter dem Motto „Alles für den Frieden! Die sozialen und demokratischen Rechte verteidigen!" suchte er nicht ernsthaft, die ideologischen Schwachstellen der Partei aufzuarbeiten. Zwar mußte der in Hannover mit 674 von 674 abgegebenen Stimmen wiedergewählte Parteivorsitzende Herbert Mies einräumen: „Wenn wir die Wahlen insgesamt betrachten, ist es uns allerdings nicht gelungen, den Stimmenanteil unserer Partei zu erweitern. Es muß uns, wie alle linken Kräfte, mit Sorge erfüllen, daß die DKP insbesondere bei den Bundestags- und Landtagswahlen sogar Stimmenverluste hinnehmen mußte."[49]

Andererseits sei es der Partei gelungen, die Zahl der Abgeordneten in Stadt- und Gemeindeparlamenten sowie in Ortsbeiräten und Bezirksversammlungen von 58 Abgeordneten 1978 auf 93 Abgeordnete zu erhöhen. In diesen Zahlen drückt sich die tendenziell positive Einschätzung aus, die Kommunisten genießen, je stärker unmittelbare soziale Belange der Bevölkerung angesprochen sind, und je weniger die Partei als Organisation in Erscheinung tritt. Daher hatten die Ausführungen des Parteivorsitzenden eine gewisse Berechtigung, als er meinte: „Wir haben immer gesagt und wiederholen es für alle, die es bisher überhört haben sollten: Ein Kommunist nimmt sich der Sorgen und Interessen der Arbeitskollegen und Mitbürger an. Alles, was die arbeitenden Menschen bewegt, findet sein Aufmerksamkeit. In Betrieben und Wohngebieten, in Schulen und Hochschulen, bei außerparlamentarischen Aktionen wie in Parlamenten handelt er als konsequenter unbestechlicher Anwalt der Interessen der Arbeiter, Angestellten und Geistesschaffenden, der arbeitenden und lernenden Jugend, der älteren Mitbürger, der Frauen, aller Werktätigen."[50]

Eine weniger schwülstige Wortwahl verliehe derartigen Aussagen sicherlich eine gewisse Wirkung. Doch der Fortfall formalisierter Sprachbarrieren bringt den orthodoxen Kommunisten offensichtlich im gewerkschaftlichen und betrieblichen Bereich erhebliche Erfolge, die sich jedoch aus den oben erwähnten Gründen in den Bundestagswahlen nicht in Wählerstimmen niederschlagen. Im Gegensatz zu den romanischen Ländern brauchen Bundesbürger keine Übersetzungen, um die ostdeutsche Alternative des realen Sozialismus zur Gesellschaftsordnung der Bundesrepublik Deutschland zu erfahren. Auch der Hinweis auf unterschiedliche gesellschaftliche und politische Ausgangsbedingungen, der für Kommunisten in romanischen Ländern brauchbar sein mag, bildet für den Vergleich der beiden deutschen Staaten kein Argument.

Während Herbert Mies in Hannover von einem Mitgliederbestand der DKP von 48 856[51] sprach, erachtet der Bericht 1980 zum Verfassungsschutz die Zahl von 40 000 für realistischer.[52] Er hält die Zahlen des 6. Parteitags für ebenso überhöht wie die Zahlenangaben für den 5. Parteitag 1978 in Mannheim, wo von 46 480 Mitgliedern die Rede war. Die Mitglieder der DKP sind in etwa 1300 Grundorganisationen erfaßt, wovon circa 300 Betriebs-,

900 Orts- und Wohngebiets- und 100 Hochschulgruppen sind. Diese sind in rund 200 Kreisorganisationen zusammengeschlossen, worüber 12 Bezirksorganisationen stehen.[53]

Überraschend konstant erwies sich die Sozialstruktur des Parteitags in Hannover im Vergleich zum 5. Parteitag in Mannheim: 659 (81,2 Prozent) Delegierte und Gastdelegierte waren Arbeiter und Angestellte (1978: 81,6 Prozent); 20 (2,5 Prozent) waren Bauern und Selbständige (1978: 2,6 Prozent); 46 (5,6 Prozent) waren Hausfrauen und Rentner (1978: 3,9 Prozent).

Ungeachtet der Problematik kommunistischer Klassifikationsversuche nach sozialstatistischen Merkmalen, wonach selbst der Parteivorsitzende zuweilen als „Arbeiter" geführt wird, bilden die „Angehörigen der Intelligenz" gegenwärtig eine Problemgruppe für die Deutsche Kommunistische Partei: In Hannover wurden 87 (10,7 Prozent) Delegierte dieser Gruppe einschließlich der Schüler und Studenten zugerechnet. In Mannheim wurden 1978 beide Gruppen noch getrennt erfaßt: Damals waren 7,6 Prozent „Angehörige der Intelligenz" und 8,2 Prozent Schüler und Studenten.

Die Intelligenz scheint der DKP zum Problem geworden zu sein. Profitierte sie im Zuge der auslaufenden Studentenbewegung in der ersten Hälfte der siebziger Jahre von jenem Personenkreis, der sich von marxistischen Vorstellungen angezogen, von den basisdemokratischen Versuchen der außerparlamentarischen Opposition enttäuscht, dieser Kaderpartei anschloß, deutete sich in Mannheim 1978 bereits die Schwierigkeit an, studentische und gewerkschaftliche Vorstellungen zu integrieren. In Mannheim erteilte die Antragskommission jenen Anträgen vorwiegend von DKP-Hochschulgruppen eindeutige Absagen, die beispielsweise die Ehe und Familie als überholte Institutionen ansahen. Offensichtlich befürchtete man, mit derart progressiven Formulierungen aus dem akademischen Bereich den traditionsgebundenen und traditionsbewußten Arbeiter zu verprellen. Die Antragskommission nahm damals deutlich gegen derartige Vorstellungen für die Normen des gewerkschaftsgebundenen Arbeitnehmers Stellung: „Vor allem können für die Partei der Arbeiterklasse, die Teil des arbeitenden Volkes ist, und die bemüht ist, sich immer fester mit den arbeitenden Menschen unseres Landes zu verbinden, Lebensformen wie Ehe und Familie, von den Frauen und den Männern des arbeitenden Volkes nicht nur hingenommen, sondern als selbstverständlich und positiv angesehen werden, nicht als überholt und gar reaktionär abgetan werden. Außerdem sind Ehe und Familie Institutionen – die es zwar in der bürgerlichen Gesellschaft gibt, die in dieser Gesellschaft auf der Grundlage der kapitalistischen Produktionsverhältnisse deformiert werden – die es aber sowohl vor dem Kapitalismus gegeben hat, als auch nach dem Kapitalismus geben wird. Sie sind die Form, ihr Inhalt wird wesentlich von den jeweiligen gesellschaftlichen Verhältnissen beeinflußt."[54] Damit wollte die Antragskommission nichts gegen die Wohnform der Wohngemeinschaften gesagt haben wollen.

In Hannover kam die Scheu vor dem akademischen Element im Rechenschaftsbericht des Vorsitzenden Herbert Mies wie auch in dem Bericht der Mandatsprüfungskommission zum Ausdruck. Akademische Jugend wurde bei Mies nur im Zusammenhang mit den parteinahen Organisationen der Sozialistischen Deutschen Arbeiterjugend und des Marxistischen Studentenbundes Spartakus erwähnt, während er die Bedeutung der Arbeiterschaft für die DKP ausdrücklich hervorhob. „Wenn wir in den sich entfaltenden demokratischen Bewegungen immer wieder auf die Frage nach der Rolle der Arbeiterklasse stoßen, dann wollen und müssen wir dazu unseren klärenden Beitrag leisten. Nicht Wunschdenken, nicht Illusion über den Bewußtseinsstand der Arbeiterklasse, sondern erhärtete Erfahrungen, die immer wieder bestätigten Lehren von Marx und Engels über die historische Mission der Arbeiterklasse lassen uns sagen: Die entscheidende gesellschaftliche Kraft ist die Arbeiterklasse. Sie bildet die große Mehrheit der Bevölkerung. Sie ist der hauptsächliche Schöpfer aller Werte. Die Arbeiterklasse und demokratische Volksbewegungen einander entgegenzustellen wäre verhängnisvoll. Die Kraft der Arbeiterklasse mit der Kraft der fortschrittlichen politischen und sozialen Bewegungen unserer Zeit vereinigen – das ist es, worauf es ankommt. Diesem Anliegen sind und bleiben wir Kommunisten verpflichtet. Dabei beachten wir in unserer Bündnispolitik auch die neuen Prozesse in anderen Bewegungen und haben dabei durchaus den Mut, Hemmnisse in unseren eigenen Reihen zu überwinden."[55] Und weiter: „Obwohl die Zahl der bis zum Parteitag gewonnenen Industriearbeiter unserer Zielvorstellung noch nicht entspricht, können wir ohne Einschränkung feststellen: Unsere Orientierung war richtig. Sie hat den Blick der Partei stärker auf die Industriearbeiterschaft, auf die Unterstützung der Betriebsgruppen, auf die Arbeit in den Großbetrieben gerichtet. Sie hat erste Erfolge erbracht, die wir sonst nicht erreicht hätten."[56]

In dem Bericht der Mandatsprüfungskommission an den Hannoveraner Parteitag werden Arbeiter ebenfalls in einer unüblichen Weise herausgestellt: „Wir fügen hinzu, daß sowohl unter den Hausfrauen und Rentnern, als auch unter den Genossen, die im Bericht als Angehörige der Intelligenz aufgeführt werden, viele sind, die aus der Arbeiterklasse stammen."[57] In diesem Falle fragt man sich, warum die Mandatsprüfungskommission überhaupt eine sozialstrukturelle Unterscheidung trifft, wenn sie den Eindruck erweckt, als wolle sie am liebsten das gesamte Plenum der Arbeiterschaft zuordnen.

Da ohnehin alle Beiträge der Delegierten auf DKP-Parteitagen verlesen werden, ohne daß eine Diskussion mit Bezugnahme auf einen Vorredner stattfindet, mußte die Erklärung der Delegierten Stefania Ruhland aus Haan menschlich wie politisch erschütternd wirken, die sich im Rollstuhl zum Mikrophon fahren ließ und verkündete, die Partei helfe ihr, ihre multiple Sklerose zu ertragen. Das Erlebnis der Solidarität in der Partei ließe sie alle Probleme, die sich ihr durch ihre Krankheit stellten, überwinden.[58] Hier wurde am ehesten der Zusammenhang zwischen Offenbarungsreligion und Kommunismus, zwischen diesseitiger und jenseitiger Heilserwartung deutlich.

In der Zukunft wird die DKP bei der Wahl ihrer Bündnispartner erhebliche Schwierigkeiten bekommen: Während sie in Bezug auf den DGB eindeutig und rückhaltlos Stellung beziehen kann, sucht sie sich mit nur geringem Erfolg an den marktwirtschaftsfeindlichen Programmteil der grünen Bewegung anzuhängen, muß aber deren ökologischem Teil widersprechen, da er den Interessen des DGB zuwiderläuft. Während der Deutsche Gewerkschaftsbund seinem Organisationsziel entsprechend beschäftigungspolitische Interessen vertritt, betont die ökologische Bewegung als ursprüngliche „single purpose movement" eher einseitig Umweltschutzaspekte ohne Berücksichtigung wirtschafts- und sozialpolitischer Konsequenzen. Die DKP sucht zur Verbreiterung ihrer Massenbasis Bündnispartner. Sie erwähnt diese Organisationen permanent, um eine vermeintliche Gleichartigkeit der Interessen darzustellen. Wie das Beispiel der Grünen und des DGB zeigt, führt diese Haltung so weit, Organisationen mit gegensätzlicher Programmatik als Bündnispartner zu bezeichnen. Während die Grünen eine rigorose ökologische Politik auf ihre Fahnen geschrieben haben, ist das Ziel der Gewerkschaftsbewegung die Verbesserung und Sicherung der Arbeitsplatzsituation der Arbeitnehmer.[59] Unter dem Begriff des breiten antimonopolistischen Bündnisses betreibt die DKP eine vordergründige Anbindung an die Jugend, die ökologische und die Gewerkschaftsbewegung ohne eine inhaltliche Festlegung, da in einem solchen Falle die Differenzen und damit die Unvereinbarkeit der Bündnispartner offenkundig werden müßten.

„Ein breites antimonopolistisches Bündnis ist aber heute nicht nur notwendig, sondern auch objektiv möglich. Diese Möglichkeit ergibt sich sowohl unter ökonomischen als auch unter politischen Gesichtspunkten. Ökonomisch sind Ansatzpunkte für ein breites Bündnis darum vorhanden, weil der staatsmonopolistische Kapitalismus nicht nur die Arbeiterklasse ausbeutet, sondern auch die Bauern, die Handwerker, die kleinen Gewerbetreibenden, die große Masse der Intelligenz."[60]

Dementsprechend formulierte bereits der Düsseldorfer Parteitag der DKP 1971 in seinen Thesen: „Sammlung aller vom Monopokapital unterdrückten und ausgebeuteten sozialen Schichten – der Bauern, der Intelligenz, der Mittelschichten – um die Arbeiterklasse ist eine Grundvoraussetzung des erfolgreichen Kampfes für demokratischen Fortschritt."[61]

Dieses breite antimonopolistische Bündnis sucht die Deutsche Kommunistische Partei entsprechend der Leninschen Strategie und Taktik auf zwei Ebenen, der gesellschaftlichen und der politischen, zu realisieren: Ausgehend von der marxistischen Klassenanalyse strebt sie die „Aktionseinheit" der Arbeiterklasse an. Hiermit sind Zusammenschlüsse von Arbeiterbewegungen ohne Rücksicht auf ideologische Gegensätze gemeint. Unterschiedliche Organisation, christliche, sozialistische oder kommunistische Orientierung spielen dabei keine Rolle. Zum anderen sucht die Deutsche Kommunistische Partei entsprechend der Theorie des staatsmonopolistischen Kapitalismus das breite demokratische – antimonopolistische – Bündnis, in dem die Partei ohne Rücksicht auf Klassengrenzen mit gesellschaftlichen Organisationen und vor allem mit politischen Parteien zu koalieren sucht. Das sogenannte demokratische Bündnis fand in Volksfrontkoalitionen seinen Niederschlag.

Eine andere Unterscheidung kommunistischer Bündnisse sieht die Form von Teilbündnissen und umfassenden Bündnissen vor. Beide sind im System des Monopolkapitalismus zu seiner Überwindung anzustreben: ,,Bei den politischen Übereinkünften muß zwischen Teilbündnissen und umfassenden Bündnissen unterschieden werden.

Teilbündnisse richten sich nur auf eng begrenzte gemeinsame Ziele, zum Beispiel auf die Aufhebung von Fahrpreiserhöhungen in Rote-Punkt-Aktionen oder auf die Verhinderung von neonazistischen Aktivitäten usw. Solche Bündnisse sind leichter zu schaffen. Sie lösen sich jedoch häufig nach Erreichung des gestellten Zieles wieder auf. Das Bemühen der Partei der Arbeiterklasse muß dahingehen, von Teilbündnissen zu umfassenderen gemeinsamen politischen Plattformen zu kommen, um so die Bündnispolitik auf eine immer höhere Stufe zu heben. Dem müssen auch die Organisationsformen entsprechen. Sind in unserem Lande noch fast ausschließlich Bürgerkomitees, Aktionsausschüsse usw. die Organisationsformen, woraus hervorgeht, daß wir im wesentlichen noch nicht über Teilbündnisse hinauskommen, so sind in anderen Ländern in Gestalt der Volksfront zum Beispiel die Organisationsformen des Bündnisses bereits Ausdruck für eine höhere Form der antimonopolistischen Bündnispolitik."[62] Insofern sagt die Form eines kommunistischen Bündnisses bereits etwas über seine inhaltliche Qualität aus.

1. Die Aktionseinheit

In der Aktionseinheit sind Kommunisten bereit, mit christlichen oder sozialistischen Gewerkschaften Vereinbarungen zu treffen, um sich im vorparlamentarischen Raum als koalitionsfähig darzustellen. Aus diesem Grund vertreten sie Forderungen, die von einer möglichst breiten Zielgruppe akzeptiert werden können. Im Parteiprogramm der DKP heißt es dementsprechend: „In diesen Kämpfen und Bewegungen sind die Kräfte sichtbar geworden, die – wenn sie sich formieren – imstande sind, eine Wende zu demokratischem und sozialem Fortschritt zu erzwingen. Das sind all jene, deren Interessen unvereinbar sind mit dem Macht- und Profitstreben, mit der reaktionären Politik des Großkapitals. Das sind die Arbeiter und Angestellten, Beamten, Techniker und Wissenschaftler, Lehrer und Künstler, Bauern, Handwerker und Gewerbetreibenden. Das sind die Auszubildenden, die Studenten und Schüler. Das sind Kommunisten und Sozialdemokraten, Liberale, Christen und parteilose Demokraten.

Die DKP strebt danach, all diese Kräfte, die überwiegende Mehrheit unseres Volkes, für die Herbeiführung einer Wende zu demokratischem und sozialem Fortschritt zu gewinnen."[63]

Ausgang dieser Strategie ist die Annahme, daß alle Arbeiter und Agestellten in undifferenzierter Weise gemeinsame Interessen hätten. Während die „Aktionseinheit von oben" das Bündnis mit Führern anderer Arbeiterorganisationen sucht, hat die „Aktionseinheit von unten" das Ziel, durch Infiltration geeignete Organisationen und deren Mitglieder auch gegen den Willen ihrer Führung zur Zusammenarbeit mit Kommunisten zu bewegen.

Die Notwendigkeit von Aktionseinheiten wird mit sehr unterschiedlichen Argumenten begründet:
- Die Arbeiterklasse und die übrigen Werktätigen hätten eine Gemeinsamkeit: sie seien „Ausgebeutete";
- die Aktionseinheit stärke die Kraft der Arbeiterklasse;
- die Aktionseinheit sei nicht nur für die Kommunisten von Vorteil; auch Sozialdemokraten hätten Nutzen davon.
- Die Aktionseinheit sei kein Bündnis nur für die Gegenwart, sondern gelte auch für die Zukunft, für den Kampf um den Sozialismus.[64]

Aktionseinheiten mit gesellschaftlichen oder politischen Gruppierungen der Arbeiterschaft werden von kommunistischen Parteien als wichtige Voraussetzung für einen erfolgreichen politischen Kampf angesehen. „Unter diesen Bedingungen bedarf die Arbeiterklasse ganz besonders der Einheit und Organisiertheit ihrer Reihen sowie des Innenbündnisses mit den anderen werktätigen Schichten. Die Schaffung dieser Einheit und die Herstellung dieses Bündnisses ist für ihre eigene Zukunft und für die Zukunft des gesamten Volkes von außerordentlicher Bedeutung.

Die Einheit der Arbeiter hat in der Gemeinsamkeit der Klasseninteressen ihre unerschütterliche objektive Grundlage. Trotzdem aber bildet sie sich nicht spontan heraus, nicht ohne besondere Bemühungen des bewußten Vortrupps der Arbeiterklasse."[65]

Diese Aufgabe fällt somit der jeweiligen kommunistischen Partei zu. Es bleibt die Schwierigkeit, der kommunistischen Partei einerseits die Rolle des Vortrupps einzuräumen und andererseits den Bündnispartnern glaubhaft zu machen, daß man an eine Hegemoniestellung der kommunistischen Partei im Bündnis nicht denke, obwohl man als Endziel die Diktatur des Proletariats anstrebt. Um dieses Dilemma zu bewältigen, versuchen kommunistische Parteien in unterschiedlichen, zum Teil sehr politikfernen Bereichen, Verbände und Organisationen als Bündnispartner zu gewinnen. „Die Praxis, die Aktionseinheit von unten zu verwirklichen, hat in der Nachkriegszeit eine Reihe neuer organisatorischer Formen hervorgebracht – die ‚inneren Kommissionen' einer Reihe italienischer Betriebe, ‚Einheitskomitees' in Frankreich, ‚Fraktionen der Gewerkschaftseinheit' in Österreich, ‚Räte der Einheit' und zwischengewerkschaftliche Kommissionen in Brasilien usw."[66]

In der Bundesrepublik Deutschland gibt es einige Beispiele für Aktionseinheiten, die die Deutsche Kommunistische Partei angestrebt hatte, die jedoch bisher nicht zu einer Verbreiterung ihrer parlamentarischen Basis führten. Genauso wenig konnte sie ihre Beziehungen zu gesellschaftlichen Organisationen institutionalisieren. Politische Organisationen entzogen sich weitgehend einer Zusammenarbeit mit der DKP.

Im Mittelpunkt der Bemühungen kommunistischer Parteien stehen naturgemäß Sozialdemokraten und Sozialisten. Aufgrund des gemeinsamen ursprünglichen Selbstverständnisses als Klassen- oder Arbeiterpartei suchen Kommunisten gutgläubige Sozialdemokraten zur Zusammenarbeit für ein vorgeblich gemeinsames politisches Ziel zu gewinnen. Während es der Kommunistischen Partei Frankreichs jedoch gelungen ist, an der Regierung beteiligt zu werden, verschloß sich die deutsche Sozialdemokratie seit der Gründung der Kommunistischen Partei Deutschlands im Jahre 1918/19[67] der Aufforderung zur Zusammenarbeit.

2. Die Volksfront

Der Begriff der Volksfront ist historisch entstanden aus dem Bündnis von Sozialisten, Radikalen und Kommunisten in der Französischen Republik unter Léon Blum im Jahre 1935. Damals bedeutete sie eine Änderung kommunistischer Taktik aufgrund der veränderten politischen Verhältnisse in Europa. Mit einem Beschluß des VII. Kongresses der Komintern vom 25. Juli bis 20. August 1935 in Moskau wurde die bis dahin für alle kommunistischen Parteien gültige Kompromißlosigkeit gegenüber den übrigen politischen Parteien, vor allem aber der Anspruch gegenüber der Sozialdemokratie aufgegeben, alleinige Vertreterin der Arbeiterklasse zu sein. Die Kommunisten mußten versuchen diesen plötzlichen Wandel, der besonders die westeuropäischen kommunistischen Parteien in erhebliche taktische Schwierigkeiten und oft bis an den Rand der Glaubwürdigkeit brachte, zu legitimieren: „Die KI (Kommunistische Internationale) stand an der Spitze aller bedeutenden Klassenkämpfe ihrer Zeit. Durch eine gründliche Analyse der Klassenkampfbedingungen und der Erfahrungen der revolutionären Bewegung suchte sie ständig nach Wegen, die werktätigen Massen zum gemeinsamen Kampf für die Verteidigung ihrer politischen und sozialen Interessen zu organisieren und sie allmählich an die sozialistische Revolution heranzuführen."[68]

Folgt man Harald Wieser und Rainer Traub, so war die Volksfront kein soziales Produkt der Arbeiterbewegung, „sondern ein politisches Instrument der Diplomatie Stalins. Denn möglich wird sie einzig und allein durch die noch 1934 plötzlich eingeschlagene, neue sowjetische Außenpolitik."[69]

Insofern sind Volksfrontbündnisse als taktische Instrumente kommunistischer Parteien zu verstehen. Der Moskauer Komintern-Kongreß verfügte 1935 den Kurs der Französischen Kommunistischen Partei für alle Sektionen der Kommunistischen Internationale. Zuvor lag die kommunistische Unterstützung bürgerlicher Regierungen oder gar eine Regierungsbeteiligung außerhalb jeder kommunistischen Vorstellungskraft. Eine solche Kooperation war gerade der Vorwurf, den Kommunisten gegenüber der Sozialdemokratie als Opportunismus und Reformismus erhoben. Bis dahin sahen Kommunisten keinen Unterschied zwischen Faschismus und bürgerlicher Demokratie.

In einem weiteren Sinne wird der Begriff der Volksfront als Kooperation der kommunistischen mit anderen politischen Parteien verstanden. Wesentlich erscheint hierbei die Kooperationsbereitschaft der kommunistischen Partei, die für die Zeit einer politischen Koalition ihre ablehnende Haltung gegenüber dem repräsentativ parlamentarischen Regierungssystem um der Regierungsbeteiligung willen aufgeben muß. Dies war sowohl in Frankreich und Spanien vor dem Zweiten Weltkrieg, als auch in Chile 1970 unter Salvador Allende der Fall. Régis Debray, ein langjähriger Kampfgefährte Che Guevaras, lehnt jedoch für die chilenische Situation den Begriff der Volksfront ab, da er „ja in den Kontext des antifaschistischen Kampfes gegen die Nazidiktatur in den dreißiger Jahren" gehöre. „Ziel der Volksfront war vor allem die Verteidigung der republikanischen Traditionen und Institutionen. Sie hat keine spezifische Strategie zur Überwindung des Kapitalismus entwickelt. Sie war nicht das Produkt eines gut ausgeklügelten perspektivreichen Langzeitprogramms, sondern ein Notbehelf; sie war zwar guter, nützlicher und unerläßlicher Notbehelf, aber immerhin doch ein Notbehelf. Und dieser ausgesprochen bürgerliche Zielinhalt der Volksfront – der Kampf um den Erhalt, den Weiterbestand der republikanischen Institutionen und nicht um den Aufbau des Sozialismus – spiegelt sich in der Klassenstruktur dieser Volksfront wider, das heißt die Volksfrontregierungen standen damals eindeutig unter der Herrschaft des republikanisch gesonnenen Kleinbürgertums, deshalb der radikalen (Bürger-) Partei. Die gegenwärtige Situation ist jedoch eine ganz andere: Ebenso wie in Chile (1970) kristallisiert sich die heutige Linksfront um ein Programm des Übergangs zum Sozialismus, das im wesentlichen von den Parteien der Arbeiterbewegung getragen wird, wo eindeutig die Kräfte der Arbeiterklasse dominieren. Die alte Volksfront der dreißiger Jahre hatte im Grunde genommen gar kein Regierungsprogramm, aber die Linksunion in Frankreich heute hat ein Regierungsprogramm."[70]

Kommunistische Machtübernahme hat damit sowohl eine politische als auch eine wirtschaftliche Dimension. Debray unterstellt den historischen Volksfrontbündnissen die einseitige Betonung des politischen Aspekts um des Ziels der Regierungsbeteiligung willen, ohne hieraus Konsequenzen für eine wirtschaftliche Veränderung gezogen zu haben. In der Tat hat der französische Staatspräsident François Mitterrand nach seiner Wahl mit der Verstaatlichung von Großunternehmen wirtschaftliche Veränderungen eingeleitet. Da jedoch lediglich die Besitztitel von privaten Eigentümern auf den Staat übergegangen sind, die Entscheidungsstrukturen der Unternehmen und ihre primär wirtschaftliche Zielsetzung unverändert blieb, führten diese Maßnahmen in Frankreich ebenso wenig zu der propagierten Erweiterung des Freiheitsraumes des Individuums im Produktionsprozeß, wie dies bisher bereits in der Sowjetunion oder in der Deutschen Demokratischen Republik der Fall war.

Was in Frankreich als „Union de la Gauche", als Union der Linken Erfolg hatte, wird seit Jahren unter dem Etikett des „Historischen Kompromiß" von der Kommunistischen Partei Italiens versucht: Ein langfristiges strategisches

Bündnis der Kommunistischen Partei Italiens mit der Christlich Demokratischen Partei auf der Ebene von Parlament und Regierung. Mit dieser großen Koalition sollen die wichtigsten strukturellen und ökonomischen Probleme Italiens gelöst werden. Daneben will die KPI – gemeinsam mit der DC – die Bauern und Landarbeiter, die Handwerker und kleinen Gewerbetreibenden, das katholisch demokratische Reservoir der Christlich Demokratischen Partei zu mobilisieren suchen, um das Staatswesen effizienter und ökonomisch gesünder zu gestalten.

Dieser Historische Kompromiß ähnelt trotz vieler Unterschiede der Formel Herbert Wehners für die deutsche Sozialdemokratie: Von der Regierungsbeteiligung zur Regierungsführung. Die Große Koalition in der Bundesrepublik Deutschland im Jahre 1966 ließ die SPD bei bis dahin unsicheren Wählern regierungsfähig erscheinen. „Auch die KPI, obwohl in der Administration von Kommunen und Regionen ähnlich bewährt wie damals die SPD in Städten und Ländern, ‚leidet' heute gleichwohl immer noch unter einem Wählermißtrauen, das ihr die Regierungsfähigkeit abspricht. Der Historische Kompromiß aber, und das ist der springende Punkt, würde dieses Mißtrauen abbauen helfen. Viel weniger als mit einer Volksfront hat der Historische Kompromiß also mit einer Art großer Koalition zu tun. Die einzige wesentliche Gemeinsamkeit zwischen Volksfront und Historischem Kompromiß liegt in der ausdrücklichen Verpflichtung der kommunistischen Parteien auf die Aufrechterhaltung und Festigung des bürgerlich parlamentarischen Staates und seiner verfassungsmäßig kodifizierten Institutionen. Nicht zufällig, wenn auch damit nicht erklärt, wird der Historische Kompromiß von der Sowjetunion einigermaßen unverhüllt abgelehnt."[71]

Für bürgerlich demokratische Beobachter bleibt es tatsächlich von untergeordneter Bedeutung, ob der Historische Kompromiß eine Variante der Volksfronttaktik darstellt, oder ob er eine Veränderung der Kommunistischen Partei Italiens bedeutet (siehe hierzu das Kapitel Eurokommunismus, Seite 119). Die Zielsetzung, eine kommunistische Regierungsbeteiligung, ist in beiden Fällen dieselbe. Wie die eurokommunistische Bewegung und ihre Rückentwicklung zeigen, sind auch tiefgreifend erscheinende Veränderungen kommunistischer Parteien taktisch motiviert und damit lediglich vorübergehend.

Für die Deutsche Kommunistische Partei ist ein Volksfrontbündnis nicht akut. Zwar gehören die Aktionseinheit der Arbeiterklasse wie auch das breite antimonopolistische Bündnis zu ihrem strategischen Repertoire, doch kann sie angesichts ihrer minimalen Stimmenanteile in allgemeinen Wahlen kaum ernsthaft ein Angebot zur Koalition machen. Aus diesem Grunde stellt sich diese Frage gegenwärtig für die DKP nicht. Sie kann in diesem Zusammenhang auch nicht auf die „undemokratische Fünfprozentklausel" des Bundeswahlgesetzes zu verweisen, da ein Anteil von 0,2 Prozent der gültig abgegebenen Stimmen in der Bundestagswahl vom 5. Oktober 1980 nicht in dem Bereich liegt, in dem man von einer Wahlenthaltung ihrer Sympathisanten als antizipierter Reaktion auf eine eventuelle Niederlage sprechen könnte. Diese Frage hätte sicherlich bei einem Stimmenanteil von einigen Prozenten ihre Bedeutung.

Es ist zu vermuten, daß sich aufgrund der Aussichtslosigkeit ernsthafter Koalitionsaussichten die Deutsche Kommunistische Partei in ihren taktischen Bemühungen vorwiegend auf die Politik der Aktionseinheit stützt, wiewohl sie sich verbal den Anschein gibt, politische Bündnisse mit Aussicht auf Erfolg anzustreben. Hierzu jedoch ist sie quantitativ zu unbedeutend, als daß sie sich als Mehrheitsbildner anbieten könnte. In gesellschaftlichen Bereichen wie beispielsweise an Hochschulen, in Gewerkschaften oder in Betrieben verfügt sie jedoch über ein relativ breites Sympathisantenpotential, das sie sich aufgrund des Engagements ihrer Mitglieder schaffen konnte. Es ist daher falsch, von ihren Stimmenanteilen in allgemeinen Wahlen auf eine generelle Bedeutungslosigkeit der DKP schließen zu wollen. Während die Partei im politischen Bereich auf formale Absprachen mit anderen Parteien angewiesen ist, denen diese sich jedoch entziehen, fällt es ihr leicht, durch die Infiltration gesellschaftlicher Organisationen, die sie als Bestandteil der Aktionseinheit der Arbeiterklasse definiert, diese Organisationen, wie beispielsweise die Gewerkschaften, in ihrer Meinungsbildung zu beeinflussen (siehe hierzu Seite 102). Hierbei wird ihre zahlenmäßig geringe Bedeutung durch ein erhebliches Engagement ihrer Mitglieder kompensiert, das dazu führt, daß Kommunisten in gewerkschaftlichen Vertretungskörperschaften tendenziell überrepräsentiert sind.

Das Verhältnis deutscher Kommunisten zur Sozialdemokratie ist traditionell ambivalent: Einerseits wird die Sozialdemokratische Partei Deutschlands als Teil der Arbeiterklasse vereinnahmt, andererseits wirft man ihr Opportunismus und Reformismus vor. Aus diesem Grunde trennt die DKP zwischen den rechtssozialdemokratischen Führern und der klassenbewußten Basis der Partei. Im Programm der DKP heißt es dementsprechend: „Im Ringen um die Aktionseinheit mißt die DKP dem gemeinsamen Handeln von Kommunisten und Sozialdemokraten entscheidende Bedeutung bei. Sie repräsentieren die beiden Hauptströmungen der Arbeiterbewegung in der Bundesrepublik. Die DKP erstrebt ein vertrauensvolles, kameradschaftliches Verhältnis zu den Mitgliedern, Anhängern und Organisationen der Sozialdemokratie. Sie tritt, geleitet von den Interessen der Arbeiterklasse, für die Zusammenarbeit mit der SPD ein.

Die DKP übersieht nicht die Schwierigkeiten, die dem Zusammenwirken von Kommunisten und Sozialdemokraten entgegenstehen. Das Haupthindernis liegt in der Politik und in der Ideologie der rechtssozialdemokratischen Führer, die das kapitalistische System verteidigen, die Interessen des arbeitenden Volkes denen des Großkapitals unterordnen, mit ihrem Antikommunismus die Spaltung der Arbeiterklasse vertiefen und mit administrativen Mitteln Sozialdemokraten am gemeinsamen Handeln mit Kommunisten hindern. Diese Politik schadet dem arbeitenden Volk der Bundesrepublik und steht im Gegensatz zu der zunehmenden Tendenz der Zusammenarbeit von Sozialdemokraten und Kommunisten in anderen kapitalistischen Ländern."[72]

Da sie offensichtlich zur Zeit ein formales Bündnis mit der Sozialdemokratischen Partei Deutschlands im Sinne einer Volksfront-Koalition für ausgeschlossen hält, ruft die DKP zu eher informeller Zusammenarbeit mit Sozialdemokraten in gesellschaftlichen Organisationen auf: „Der beste Weg für die Entwicklung der Aktionseinheit ist das Zusammenwirken von Kommunisten und Sozialdemokraten am Arbeitsplatz, im Betrieb und in den Gewerkschaften, überall dort, wo das tägliche Leben die Arbeiter vor gemeinsame Probleme stellt. In der praktischen Arbeit reifen neue Einsichten, werden Vorbehalte abgebaut, nimmt die Übereinstimmung in Grundfragen des Klassenkampfes zu, entstehen günstigere Voraussetzungen für die Festigung der Aktionseinheit. Das lehren alle Erfahrungen des gemeinsamen Handelns von Kommunisten und Sozialdemokraten.

Die DKP erstrebt die Zusammenarbeit mit den Sozialdemokraten nicht nur für die unmittelbare Gegenwart, beim Ringen um eine Wende zu demokratischem und sozialem Fortschritt. Sie will diese Zusammenarbeit auch für die

Zukunft, im Kampf für die Überwindung der Macht der Monopole, für eine antimonopolistische Demokratie, für die sozialistische Umgestaltung der Bundesrepublik."[73]

Für Rainer Eckert besteht das Ziel der Aktionseinheit darin, „die verschiedenen (sozial, politisch und ideologisch differenzierten) ‚Abteilungen' der Arbeiterklasse im gemeinsamen Handeln – in der einheitlichen Aktion – zusammenführen. Der soziale Inhalt der Aktionseinheit ist dadurch definiert, daß es sich bei den gemeinsamen Aktionen nicht um bloßes ‚Zusammengehen' um jeden Preis handelt, sondern daß es dabei stets um die Durchsetzung ökonomischer, sozialer, politischer und kultureller Rechte und Interessen der arbeitenden Bevölkerung geht, mit der strategischen Perspektive, dadurch den Weg zum Sozialismus in der BRD zu öffnen."[74]

Eckert sieht heute, anders als vor zehn Jahren, verbesserte Möglichkeiten der Zusammenarbeit mit Sozialdemokraten. Es ist kennzeichnend, daß er nicht von einem Bündnis mit der Sozialdemokratischen Partei, sondern von der Aktionseinheit mit sozialdemokratischen Mitgliedern spricht. „Allgemein läßt sich feststellen, daß sich im Kampf gegen die ökonomischen, sozialen und politischen Probleme in der BRD in den vergangenen Jahren vielfältige Beziehungen zwischen Kommunisten und der Masse der Bevölkerung zu entwickeln begonnen haben und – darin eingebettet – ebensolche Beziehungen verschiedener Art zwischen Kommunisten und Sozialdemokraten. Über die Letzteren wirken diese Beziehungen tendenziell im Sinne der Aktionseinheit in die SPD und in andere Organisationen der Sozialdemokratie hinein."[75]

Schließlich bestätigt Eckert die Vermutung, daß die Deutsche Kommunistische Partei sich in der Bundesrepublik Deutschland in erster Linie auf die Vorgehensweise der

Aktionseinheit der Arbeiterklasse stützt, da sie „in einem Bündnis als politische Partei aufgrund des fehlenden Wählerzuspruchs ernsthaft keine Mitgift anbieten kann. So wird beispielsweise im Programmentwurf noch nicht die Aufgabe formuliert, zu festen politischen Vereinbarungen – etwa bestimmten fixierten Abkommen – mit der SPD zu kommen. Eine solche Zielsetzung wäre, bei Beachtung aller heute vorliegenden Erkenntnisse und Erfahrungen, sicher unrealistisch. Wenn wir für die kommenden Jahre die Zusammenarbeit mit Organisationen der Sozialdemokratie und mit der SPD anstreben, so drückt dies aus, daß wir bereits hinsichtlich der Verwirklichung dieser weniger entwickelten Form der Aktionseinheit solche Probleme erwarten, daß wir mit deren Lösung in der nächsten Entwicklungsetappe vollauf beschäftigt sein werden."[76]

3. Bündnisfähige Verbände

Zur Durchsetzung ihrer Bündnispolitik bedient sich die Deutsche Kommunistische Partei einerseits sogenannter Nebenorganisationen, andererseits einer Fülle maßgeblich von ihr beeinflußter Verbände. Die „Nebenorganisationen" sind formal von der DKP unabhängige Vereine oder Verbände, die in bestimmte gesellschaftliche Zielgruppen hineinwirken sollen. Hierzu zählen beispielsweise die Sozialistische Deutsche Arbeiterjugend (SDAJ) für die Jugend, die Junge Pioniere – Sozialistische Kinderorganisation (JP) für die Minderjährigen sowie der Marxistische Studentenbund Spartakus (MSB) für die Studenten. Die Vorstände dieser Organisationen sind weitgehend in Personalunion Vorstandsmitglieder der Deutschen Kommunistischen Partei.

Die übrigen politischen Parteien der Bundesrepublik verfügen ebenfalls über derartige gesellschaftspolitische

Vorfeldorganisationen, die jedoch, mit Ausnahme der Deutschen Jungdemokraten – Liberaler Jugendverband der Freien Demokratischen Partei Deutschlands, in unterschiedlich weiter organisatorischer Abhängigkeit zu den Mutterparteien stehen, die jedoch eindeutig zuzuordnen und in den Statuten der jeweiligen Parteien vorgesehen sind. Bei der Christlich Demokratischen und der Christlich Sozialen Union sind dies die Vereinigungen, selbständige Organisationen, die sowohl Parteimitglieder als auch Nichtmitglieder aufnehmen. Bei der Sozialdemokratischen Partei Deutschlands sind es die Arbeitsgemeinschaften, die organisatorischer Bestandteil der Partei sind und in denen nur Parteimitglieder mitarbeiten können.

Die DKP sucht mit der formalorganisatorischen Unabhängigkeit ihrer Nebenorganisationen diese von der Vermutung, lediglich Befehlsempfänger der DKP zu sein, freizuhalten.

Von den sogenannten Nebenorganisationen der DKP sind die von ihr maßgeblich beeinflußten Organisationen zu unterscheiden. Diese Verbände, wie beispielsweise die Deutsche Friedensunion (DFU), die Vereinigung Demokratischer Juristen e.V. (VDJ), das Komitee für Frieden, Abrüstung und Zusammenarbeit (KFAZ), die Vereinigung der Verfolgten des Naziregimes – Bund der Antifaschisten (VVN – BdA), die Deutsche Friedensgesellschaft – Vereinigte Kriegsdienstgegner (DFG – VK) wie auch die Demokratische Fraueninitiave (DFI) stehen in wesentlich weiterem organisatorischen Abstand von der Partei, waren im Einzelfall unabhängige Gründungen, wirken auf ein relativ unorthodox kommunistisch gutgläubiges Publikum attraktiv und wurden in zunehmendem Maße von der DKP oder ihren Nebenorganisationen unterwandert. Einzelne dieser Verbände haben sich ohne kommunistischen Einfluß gebildet und sind später Ziel kommunistischer Beeinflussungsversuche geworden, andere sind von Kommunisten auf Veranlassung ihrer Parteiführung gegründet worden. Diese Organisationen nehmen Einzelforderungen der DKP auf, verfolgen aber auch Ziele, die nicht gegen die freiheitlich demokratische Grundordnung der Bundesrepublik Deutschland gerichtet sind. Der Grad des kommunistischen Einflusses in diesen Organisationen ist unterschiedlich: Während in einigen von ihnen wesentliche Entscheidungen gegen den Willen der DKP nicht möglich sind, können in anderen trotz des Einflusses der DKP demokratische Vorstellungen vertreten werden. Hierin liegt unter anderem ihre Multiplikatorfunktion, daß sie nicht eindeutig und unmittelbar als kommunistisch beeinflußte Verbände identifizierbar sind und damit auf die am Verbandsziel orientierten potentiellen Mitglieder attraktiv wirken.[77]

a) Nebenorganisationen

Die wichtigsten Nebenorganisationen der Deutschen Kommunistischen Partei sind die Sozialistische Deutsche Arbeiterjugend (SDAJ), der Marxistische Studentenbund Spartakus (MSB) sowie die Jungen Pioniere – Sozialistische Kinderorganisation (JP). Diese formal selbständigen Verbände mit eigenen Satzungen, Führungsorganen und Mitgliedern bekennen sich zum Marxismus-Leninismus und zur führenden Rolle der DKP. Ihre maßgeblichen Funktionen sind mit DKP-Mitgliedern besetzt.

– *Sozialistische Deutsche Arbeiterjugend (SDAJ)*

Die SDAJ strebt einen „Sozialismus nach den Ideen von Marx, Engels und Lenin" an. Sie bekennt sich zur „solidarischen Verbundenheit mit der Sowjetunion" und versteht die Deutsche Demokratische Republik als „größte Errungenschaft" der deutschen Arbeiterbewegung.[78] Der Verband unterstreicht seine enge Verbundenheit mit der

DKP. Der Bundesvorsitzende der SDAJ, Werner Stürmann, ist Mitglied des DKP-Parteivorstandes. Etwa 40 Prozent aller SDAJ-Mitglieder sind Mitglieder der DKP, darunter die stellvertretende Bundesvorsitzende Vera Achenbach.

Die Bedeutung der SDAJ ist nicht so sehr in der Zahl ihrer Mitglieder zu sehen. Entgegen ihren eigenen Äußerungen, wonach sie 35 000 Mitglieder in 835 Gruppen haben will, vermutet der Verfassungsschutzbericht 1980 lediglich 15 000 Mitglieder in circa 600 Gruppen.[79] Obwohl die SDAJ, wie auch die Deutsche Kommunistische Partei über die stagnierende bis rückläufige Mitgliederentwicklung unzufrieden sein dürften, vermelden sie permanente Erfolge in der Mitgliederwerbung, ohne jedoch – wie anläßlich ihres VII. Bundeskongresses 1982 in Düsseldorf – Zahlen zum Mitgliederstand zu nennen. Die Bedeutung der SDAJ liegt in ihrer gezielten Bündnispolitik mit eher des Kommunismus unverdächtigen politischen und gesellschaftlichen Organisationen.

Beispielhaft hierfür mögen ihre Erfolge in der Jugend des Deutschen Gewerkschaftsbundes oder ihre Integration in die Organisationen sein, die den sogenannten Krefelder Appell gegen den Doppelbeschluß der NATO zur Verhandlung und Nachrüstung vorbereiten.[80]

Die gewerkschaftlichen Erfolge sind einerseits auf das Zögern des Deutschen Gewerkschaftsbundes, sich von Angeboten der DKP und der SDAJ eindeutig zu distanzieren und andererseits auf den Satzungsauftrag der SDAJ zurückzuführen, einer Gewerkschaft beizutreten.[81]

Der Bericht der Mandatsprüfungskommission bestätigte den optischen Eindruck, den der Kongreß vermittelte: Von den 768 anwesenden Delegierten waren 373 (49 Prozent) in der Zeit seit dem VI. Bundeskongreß im Mai 1979 in Hamburg in die Organisation eingetreten.[82] Dementsprechend wirkte der Düsseldorfer Kongreß vergleichsweise atypisch: Es fehlte die starre Disziplin früherer Tagungen, die roten Fahnen der bayerischen Delegierten waren mit weiß-blauen Bändern dekoriert, die Delegierten erschienen unkonventioneller gekleidet, Äußerungen von Homophilen beiderlei Geschlechts machten einen Teil der Redebeiträge aus, und emotionale Äußerungen im sensitiven Bereich waren unter Paaren an der Tagesordnung. Offensichtlich wirkt die SDAJ auf einen gewissen Bereich der ökologischen und sogenannten Friedensbewegung attraktiv und wird diesen nun in das orthodox kommunistische Verhaltensmuster zu integrieren suchen. Hierfür sprechen die Äußerungen des wiedergewählten Vorsitzenden Werner Stürmann, der in seinem Rechenschaftsbericht kritisch zu der unvergleichlich erfolgreichen Partei der Grünen Stellung nahm: „Viele Jugendliche sehen in der Partei der ‚Grünen‘ eine wählbare Alternative zu den herrschenden Parteien.

Wir arbeiten in vielen Bündnissen und Bewegungen mit den ‚Grünen‘ zusammen und wollen das in Zukunft, insbesondere zur Sicherung des Friedens weiterentwickeln. Wir suchen das Gespräch, die Debatte mit ihnen über die heute notwendigen Veränderungen und über grundsätzliche Zielvorstellungen. Den ‚Grünen‘ sagen wir aber auch aus unseren Erfahrungen: Nicht, daß sich eure Positionen zu nationalen und ökologischen Fragen von unseren unterscheiden, ist für uns ein Problem in der Zusammenarbeit. Aber, daß ihr oftmals einen Führungsanspruch erhebt, indem ihr eure Positionen zum Maßstab für gemeinsames Handeln macht, halten wir für überheblich. Das erschwert den solidarischen Umgang miteinander und schwächt die demokratischen Bewegungen."[83]

Eine solche kritische Position steht in deutlichem Gegensatz zu den beinahe euphorischen Äußerungen des DKP-Vorsitzenden Herbert Mies auf dem DKP-Parteitag vom 29. – 31. Mai 1981 in Hannover. Mies führte damals aus: „Wenn wir das sagen, denken wir auch an die Bewegung gegen das Bonner Atomprogramm, die zu einer wirkungsvollen Kraft geworden ist, wie die machtvolle Demonstration der 100 000 in Brokdorf zeigte. Es handelt sich um eine Bewegung, die – wie die ökologische Bewegung in ihrer Gesamtheit – mit dem Kampf gegen Demonstrationsverbote und Polizeiaktionen zunehmend die Verteidigung demokratischer Rechte auf ihre Fahnen heftet. Es ist eine Bewegung, die angesichts der Tatsache, daß der Atomtod vor allem durch die geplante Stationierung neuer amerikanischer Atomraketen droht, den Kampf gegen das Bonner Atomprogramm zunehmend mit dem Kampf gegen die Raketenstationierung verbindet. Auch hier erweist sich, daß wir durch unsere konstruktive Mitarbeit, durch unsere aktive Teilnahme zum Beispiel an den Großdemonstrationen in Brokdorf und an anderen Aktionen am ehesten den Beweis dafür liefern können, daß wir aufrichtige und einsatzbereite Bündnispartner sind.

Davon lassen wir uns auch in unserem Verhältnis zu den ‚Grünen' leiten. Daß sich in unserem Verhältnis zu den ‚Grünen', aber auch umgekehrt von nicht wenigen ‚Grünen' zu unserer Partei ein positiver Wandel vollzogen hat, ist durch Wort und Tat belegt. Daß es bei den ‚Grünen' aber nicht nur dem Frieden und dem demokratischen Fortschritt verbundene Zielsetzungen, sondern auch Auffassungen gibt, mit denen wir nicht übereinstimmen, ist erklärlich. Es ist nicht zu übersehen, daß sich hier sehr verschiedenartige soziale und politische Kräfte engagieren. Wir Kommunisten werden in unserem konstruktiven Bemühen um gemeinsame Aktion aber nicht schweigen, wenn etwa der Verzicht auf das Recht auf Arbeit, auf Mitbestimmung, auf höhere Löhne gepredigt wird. Jene unter den ‚Grünen' die solchen Auffassungen nachhängen, sollten erkennen, daß es ihren Anliegen und der Durchsetzung demokratischen Bürgerwillens nicht dienlich ist, wenn sich hier eine Kluft zur Arbeiter- und Gewerkschaftsbewegung auftut. Wir Kommunisten werden jedenfalls an die Fragen der Wirtschafts- und Sozialpolitik immer vom Standpunkt der Arbeiterklasse herangehen."[84]

Offensichtlich wirkten die DKP und die SDAJ zunächst auf einen Teil der grünen Bewegung attraktiv, vermochten diesen an sich zu binden und haben mit den verbliebenen Ökologen umso größere Probleme bei der Bildung von Aktionseinheiten im kommunistischen Sinn, vor allem da die Grünen im Gegensatz zurDKP auf erhebliche Wahlerfolge verweisen können.

So sprechen die Grünen inzwischen von ihrer Distanz zu Kommunisten innerhalb der sogenannten Friedensbewegung: „Besonders auffällig ist die immer deutlicher zutage tretende Einflußnahme der DKP und ihrer Subsysteme, die es verhindert, daß es zu einer Loyalität der Friedensbewegung in Ost und West untereinander kommt.

Die Grünen kritisieren diese Machtpolitik, da sie auch im Gegensatz zur neuen politischen Kultur der Basisbewegungen steht, der sich die Grünen auch praktisch verpflichtet fühlen."[85]

Dem Bericht der Mandatsprüfungskommission an den VII. SDAJ-Bundeskongreß zufolge waren 49 Prozent der Delegierten seit 1979 in den Verband eingetreten. Optisch wurde das Spektrum des Kongresses von Alternativen beeinflußt. Beide Feststellungen täuschen jedoch über die Kontinuität der Entwicklung: Sowohl der Anteil neuer Delegierter, als auch deren gewerkschaftliche Organisation, die unter Alternativen vergleichsweise gering ist, blieben seit dem VI. Bundeskongreß 1979 eher konstant. In den beinahe wortgleichen Berichten der Mandatsprüfungskommissionen von 1979 und 1982 machten neue Delegierte, die seit dem jeweils vorangegangenen Bundeskongreß in den Verband eingetreten waren, 349 und 373 Personen, deshalb 48,1 Prozent und 48,6 Prozent aus. Gewerkschaftlich organisierte Delegierte bildeten 1979 mit 541 von 726 Delegierten 74,5 Prozent. 1982 waren es 563 von 768 Delgierten, das sind 73,3 Prozent. Angesichts der auch unter Kommunisten verbreiteten regelmäßigen Wiederwahl zu Parteiämtern läßt der jeweils hohe Austausch von 50 Prozent der Delegierten zum Bundeskongreß und ihre relativ kurze Zugehörigkeit zur Organisation auf eine hohe Fluktuation der Mitgliederschaft der Sozialistischen Deutschen Arbeiterjugend schließen. Der vermeintliche Einfluß von Alternativen auf die SDAJ wird nicht durch eine verminderte gewerkschaftliche Organisation ihrer Delegierten zum Bundeskongreß gestützt. Für einen solchen Einfluß spricht jedoch, außer dem im Vergleich zu früheren Kongressen eher legeren Habitus der Delegierten, die Rede des Bundesvorsitzenden Werner Stürmann: Im Vergleich zu früheren Eingangsreferaten, die ausführlich auf theoretische Aspekte und Grundlagen der Tätigkeit der Organisation eingingen, wirkte Stürmanns Eingangsreferat eher aktionistisch. Er formulierte Handlungsanweisungen für Projekte einer Aktionseinheit der Arbeiterklasse. Hierbei wollte er das Spektrum der Koalitionspartner von Sozialisten über Liberale, Christen bis zu Konservativen gezogen sehen.

Obwohl die Antragsberatung in Düsseldorf vergleichsweise unkonventionell, weil ohne vorbereitete Redebeiträge, geführt wurde, was in Hamburg 1979 noch dazu geführt hatte, daß der Kongreß dem Tagungspräsidium aus dem Ruder zu laufen drohte, haben Beschlüsse von SDAJ-

Bundeskongressen kaum eine inhaltliche Bedeutung. Ihre Tendenz ist von vornherein im Sinne kommunistischer Programmatik und Taktik festgeschrieben und ihre Möglichkeiten einer unmittelbaren Umsetzung in reale Politik sind aufgrund der mangelhaften bis fehlenden Vertretung in Repräsentationskörperschaften eher beschränkt. Diese Feststellungen sagen jedoch nichts über die politische Bedeutung der SDAJ aus, die im Sinne kommunistischer Bündnispolitik weniger die Inhalte der Kongreßbeschlüsse, als vielmehr die allgemeine kommunistische Programmatik und den Hegemonieanspruch der Sowjetunion bei gleichzeitiger Verharmlosung in die jeweiligen Bündnisse einzubringen versucht. Hierfür bilden die beiden letzten Bundesjugendkongresse des Deutschen Gewerkschaftsbundes ein anschauliches Beispiel. Aus diesem Grunde erscheint die Analyse der organisationsbezogenen Daten der Sozialistischen Deutschen Arbeiterjugend wesentlicher als die inhaltliche Analyse ihrer Kongreßbeschlüsse.

Ihre personelle Nähe zur Deutschen Kommunistischen Partei drückt sich unter anderem darin aus, daß die SDAJ dem sowjetisch gesteuerten „Weltbund der Demokratischen Jugend" (WBDJ) angehört.

- *Marxistischer Studentenbund Spartakus*
  (MSB Spartakus)

Der MSB Spartakus wurde am 20./21. Mai 1971 in Bonn gegründet. Er bildete sich aus etwa 40 Gruppen der bis dahin nicht geschlossen organisierten „Spartakusassociation marxistische Studenten". Er bekennt sich zum Marxismus-Leninismus als Anleitung zum Handeln. Er vertritt seine „revolutionären sozialistischen Ziele" und bezeichnet die DKP als die „einzige revolutionäre Partei" der Bundesrepublik Deutschland. In der Grundsatzerklärung seines Gründungskongresses formulierte der MSB Spartakus: „Spartakus arbeitet eng mit solchen Studentengruppen zusammen, die ebenfalls für Mitbestimmung und Demokratisierung der Hoch- und Fachschulen eintreten. Er unterstützt die Forderungen und die Initiativen demokratischer Kräfte außerhalb der Hochschulen, die eine demokratische Hochschulreform zum Inhalt haben.

Er arbeitet insbesondere eng mit den fortschrittlichen Teilen der Arbeiterbewegung zusammen. Er weiß sich mit der Deutschen Kommunistischen Partei durch die gemeinsame marxistische Theorie, das sozialistische Ziel und die gemeinsame antimonopolistische Orientierung im Hochschulkampf solidarisch verbunden."[86]

So ist auch der Bundesvorsitzende des MSB, Uwe Knickrehm, Mitglied des DKP-Bezirksvorstands Hamburg sowie des Parteivorstands der DKP. Etwa 70 Prozent der Mitglieder des MSB sind zugleich Mitglieder der DKP.[87]

Mit circa 6 100 Mitgliedern ist der MSB Spartakus der stärkste und einflußreichste linksextremistische Studentenverband. Die Auflagenhöhe seines monatlich erscheinenden Publikationsorgans „rote blätter" lag 1980 bei knapp 30 000 Exemplaren.

Der MSB Spartakus verfügt an Hochschulen und Fachhochschulen über Mehrheiten oder bildet sie im Sinne kommunistischer Bündnispolitik in Koalition mit anderen Hochschulgruppen. Hauptadressat ist hierbei der Sozialistische Hochschulbund (SHB). Zum Teil ist der Erfolg des MSB Spartakus erklärbar durch das Engagement seiner Aktivisten in der Studentenberatung. Sie bieten Studenten eine brauchbare Studienhilfe an, bei der sie kommunistisches Engagement einfließen lassen können. Dabei wirkt vor allem bei den Studienanfängern ihr geschlossenes und geordnet erscheinendes Weltbild attraktiv. 1980 waren der Marxistische Studentenbund Spartakus, die Aktionsgemeinschaften von Demokraten und Sozialisten und die Sozialistische Einheitspartei Westberlin in 32 Studentenparlamenten bundesdeutscher und westberliner Hochschulen vertreten. Mit 157 (1979: 135) Sitzen hatten sie einen Anteil von 11,1 Prozent aller Sitze in Studentenparlamenten (1979: 11,3 Prozent).[88]

Für den MSB Spartakus gilt der staatsmonopolistische Kapitalismus auch an den Hochschulen. Dies habe dazu geführt, daß Antikommunismus und Nationalismus, Revanchedenken und militärischer Ungeist erneut zu Prinzipien staatsbürgerlicher Erziehung wurden.[89] Hochschulausbildung wird als Teil der „bestehenden Ausbeuterordnung" verstanden, die „bürgerlichen Wissenschaften" dienen der Systemstabilisierung.

Der MSB Spartakus fordert zwar Pluralismus an Hochschulen mit dem Ziel, „daß der Marxismus in unseren Hoch- und Fachschulen unverfälscht, das heißt, von Marxisten dargestellt werden kann."[90] Nach Erreichung der notwendigen Mehrheiten will man, entsprechend kommunistischer Taktik, von dem Pluralismuskonzept abrücken. „Es gibt keine friedliche Koexistenz von marxistischer und bürgerlicher Wissenschaft an einer Hochschule."[91]

Fritz Vilmar analysierte Art und Umfang der Hochschulpolitik des MSB Spartakus am Beispiel des Fachbereichs Gesellschaftswissenschaften der Universität Marburg. Er zeigt die bündnispolitische Strategie des DKP-nahen Studentenverbandes und die Verwendung des Sozialistischen Hochschulbundes (SHB) und des Bundes demokratischer Wissenschaftler (BdWi) zur Durchsetzung seiner politischen Macht- und Gestaltungsansprüche auf: „Sowjetisch orientierte Wissenschaftler haben sich im

Fachbereich Gesellschaftswissenschaften ... im Laufe der letzten Jahre die – inzwischen fast absolute – Macht gesichert und machen jetzt mit ebensoviel Naivität wie Intoleranz davon Gebrauch – auf Kosten hunderter von Studenten, die dieser parteipolitisch festgelegten ‚Hochschulung' ausgeliefert sind."[92]

Neben dem MSB Spartakus unterhält die DKP eigene Hochschulgruppen, „Grundorganisationen der Partei, denen alle an einer Hochschule tätigen DKP-Mitglieder (Lehrer, Studenten, Verwaltungspersonal) angehören, ..."[93] Sie „steuern die Arbeit des MSB Spartakus, der die kommunistische Studentenpolitik weitgehend trägt und ausführt (etwa ein Viertel der MSB-Mitglieder gehören der DKP an)."[94]

Wie der inzwischen erheblich gesteigerte Anteil der DKP-Mitglieder und die rückhaltlose Übernahme kommunistischer Prinzipien ihren Ausdruck finden, kommt unter anderem in der Beurteilung Bilsteins zum Ausdruck: „Disziplin ist oberstes Gebot im Spartakusverband. Wer nicht mit den Mehrheitsbeschlüssen übereinstimmen kann, wird entweder ausgeschlossen oder muß seinen Austritt erklären. Pluralismus wird als verschleiernde Vokabel abgetan."[95]

– *Junge Pioniere – Sozialistische Kinderorganisation (JP)*

Die Jungen Pioniere betonen ihr enges Verhältnis zur DKP und zur SDAJ. Der Bundesvorsitzende Achim Krooß und seine Stellvertreterin Helga Riesberg sind Mitglieder der DKP und des SDAJ-Bundesvorstands. Krooß gehört zu den Herausgebern des SDAJ-Organs „elan". Die Bundeskonferenz der JP fordert, „kinderfreundliche" Verhältnisse nach dem Vorbild der DDR in der Bundesrepublik

Deutschland zu schaffen. Die „Jungen Pioniere" dürften etwa 3 000 Mitglieder haben. Die Bundesleitung der JP gibt monatlich die „Pionierleiterinformation" und die Kinderzeitung „Willibald" heraus. Die JP unterhalten Verbindungen zu Pionierorganisationen der DDR und dem Ausland. Sie sind Mitglied der Weltkinderorganisation CIMEA, einer Zweigorganisation des sowjetisch beeinflußten „Weltbundes der Demokratischen Jugend".

b) Beeinflußte Organisationen

Ziel der Beeinflussungsversuche der Deutschen Kommunistischen Partei auf andere Organisationen ist es, entscheidende Funktionen vor allem im organisatorischen Bereich durch kommunistische Funktionäre zu besetzen. Diese sind unter Umständen aus Tarnungsgründen nicht offiziell DKP-Mitglieder. In den meisten der Organisationen sind Teile der Vorstände, nicht die Mehrheit der Vorstandsmitglieder, Kommunisten. Von den demokratisch eingestellten Mitglieder wird der kommunistische Einfluß auf ihre Organisation entweder nicht erkannt oder in Kauf genommen, zum Teil mit dem Ziel, den kommunistischen Einfluß zurückzudrängen.

Fritz Vilmar spricht in diesem Zusammenhang von Unterwanderung: „Von solchen vollkommen legitimen Versuchen der Einfluß- und Machtgewinnung in Organisationen und Medien unterscheidet sich prinzipiell die Methode der Unterwanderung: Sie ist eine Strategie des Machtgewinns durch Täuschung. Da die offene Vertretung ihrer Position einer um Einfluß ringenden politischen Gruppierung wenig aussichtsreich erscheint, wird die Position verheimlicht beziehungsweise verleugnet. ... So trat beispielsweise ein total CDU-gesteuerter hessischer Kampfverband gegen die Hessische Schulpolitik unter der Firma eines allgemeinen hessischen Elternvereins auf, und in der Zeit des KPD-Verbots wurde, soweit möglich, KP-orientierte (Ost)-Politik unter der Firma der DFU (Deutschen Friedens-Union) zu treiben versucht. ...

Kommunisten traten in allen diesen Bereichen nie sogleich offen als solche auf, sondern als kritische Demokraten, Antimilitaristen, Antifaschisten, bestenfalls als unabhängige Sozialisten beziehungsweise Marxisten. Tatsächlich war und ist ihr Einfluß in den meisten dieser Verbände (Publikationen) so beherrschend, daß in oft penetranter Weise nur noch mit der DDR beziehungsweise UdSSR politikkonforme Meinungen dort zum Tragen kamen, beziehungsweise völlige Kritiklosigkeit gegenüber (neo)-stalinistischer Politik im Osten."[96]

– *Deutsche Friedensunion (DFU)*

Die Deutsche Friedensunion bildet eine der Hauptstützen kommunistischer Bündnispolitik in der Bundesrepublik. Sie wurde 1960 auf kommunistisches Betreiben gegründet und gehört dem sowjetisch gelenkten Weltfriedensrat (WFR) an. „Sie behielt ihre Funktion als Sammelbecken für ‚Bürgerliche' in der kommunistischen Volksfrontpolitik."[97]

Seit seiner Gründung im Jahre 1950 war der Weltfriedensrat die größte und wichtigste der von der KPdSU gelenkten internationalen Frontorganisationen. „Seine Aufgabe blieb bis heute unverändert, ‚alle am Frieden interessierten Kräfte' für die Außenpolitik der Sowjetunion zu mobilisieren und zu nutzen."[98] Der Weltfriedensrat nimmt damit Steuerungsfunktion im internationalen Kommunismus wahr. So gehören ihm beispielsweise auch der Weltgewerkschaftsbund, der Weltbund der demokratischen

Jugend und die Internationale Demokratische Frauenförderation an. Heute hat er in über 130 Staaten mehr als 1300 Individual- oder kollektive Mitglieder. „Sein Präsidium setzt sich überwiegend aus Funktionären kommunistischer Parteien, sowjetisch orientierter ‚Befreiungsbewegungen' sowie nationaler und internationaler kommunistischer Frontorganisationen zusammen."[99]

Von den sieben Mitgliedern des Direktoriums der Deutschen Friedensunion und den 58 Mitgliedern ihres Bundesvorstands waren 1980 etwa ein Viertel DKP- oder frühere KPD-Mitglieder; etwa ein Drittel sind hauptamtliche Funktionäre kommunistisch beeinflußter Vereinigungen.[100] Der DKP-Vorsitzende Herbert Mies schrieb in seiner Grußadresse an den 9. ordentlichen Unionstag der DFU am 15. November 1980, die DKP werde die DFU weiterhin „konsequent" und „partnerschaftlich" unterstützen. Daß die Deutsche Friedensunion Auffangfunktion für Kommunisten hat, geht, abgesehen von ihrer Programmatik, ihrem Führungspersonal und der Richtung ihrer Initiativen aus der Sequenz ihrer Bundestagskandidaturen hervor. Nachdem 1956 die Kommunistische Partei Deutschlands (KPD) durch das Bundesverfassungsgericht verboten worden war, konnte sie zur Bundestagswahl 1957 nicht mehr kandidieren. Im Jahre 1960 wurde die Deutsche Friedensunion gegründet, die 1961 und 1965 zum 4. und 5. Deutschen Bundestag kandidierte. Da die Deutsche Kommunistische Partei noch nicht hinreichend bekannt war – eine deutliche Niederlage wäre absehbar gewesen – kandidierten die deutschen Kommunisten in der Wahl zum 6. Deutschen Bundestag 1969 mit einer neuen Organisation, der „Aktion Demokratischer Fortschritt" (ADF). „Als Ausgangspunkt benutzten sie den von den Professoren Werner Hofmann, Wolfgang Abendroth und Helmut Ridder gegründeten ‚Gießener Kreis', in dem der Kommunist Dr. Hans Render eine maßgebliche Rolle spielt. Auf Initiative des Gießener Kreises entstand im September 1968 ein ‚Ausschuß zur Vorbereitung einer Bündniskonferenz'. In vielen Orten veranstalteten Kommunisten Arbeiterkonferenzen, die ebenfalls der Vorbereitung des Wahlbündnisses dienten. Durch eine unter kommunistischem Einfluß neugebildete ‚Agrarpolitische Opposition' sollten auch Bauern für ein solches Bündnis gewonnen werden."[101] Am 2. November 1968 fand in Dortmund der Gründungskongreß des „Aktions- und Wahlbündnisses für Demokratischen Fortschritt" statt.[102] Dieses Aktions- und Wahlbündnis gründete am 7. Dezember in Frankfurt/M. die „Aktion Demokratischer Fortschritt" (ADF). In der Bundestagswahl 1969 erreichte diese Aktion 0,6 Prozent der gültig abgegebenen Zweitstimmen, dreimal soviel wie die DKP in der Bundestagswahl vom 5. Oktober 1980. Im Jahre 1968 wurde in Essen die Deutsche Kommunistische Partei (DKP) gegründet, die zum ersten Mal zur 7. Legislaturperiode im Jahre 1972 kandidierte. (siehe Tabelle I).

Die DFU beschloß 1980, in Krefeld ein Forum zu veranstalten, zu dem ein fünfköpfiger Initiatorenkreis aufrief, worunter sich drei führende Mitglieder orthodox kommunistisch beeinflußter Organisationen befanden. Auf dem Forum, das am 15./16. November 1980 stattfand, wurde die als „Krefelder Appell" bekanntgewordene Erklärung vorgestellt, in der an die Bundesregierung appelliert wird, „die Zustimmung zur Stationierung von Pershing II-Raketen und Marschflugkörpern in Europa zurückzuziehen". Als „Träger" der Erklärung trat der „Initiatorenkreis" und drei weitere Personen auf.[103] Hier schließt sich der Kreis, der oben unter wahltaktischen Überlegungen gezogen wurde, auf programmatischer Ebene.

Tabelle I: Kandidaturenfolge kommunistischer und kommunistisch beeinflußter Parteien in Bundestagswahlen seit 1949 (in Prozent)

Wahl zum Deutschen Bundestag im Jahre gültig abgegebene Zweitstimmen	I. 1949	II. 1953	III. 1957	IV. 1961	V. 1965	VI. 1969	VII. 1972	VIII. 1976	IX. 1980
Kommunistische Partei Deutschlands (KPD)	5,7	2,2							
Deutsche Friedensunion (DFU)				1,9	1,3				
Aktion Demokratischer Fortschritt (ADF)						0,6			
Deutsche Kommunistische Partei (DKP)							0,3	0,3	0,2

Quelle: a) I. – VIII. Wahlperiode: Statistisches Bundesamt (Hrsg.), Fachserie 1, Heft 1.
b) IX. Wahlperiode: ders. (Hrsg.), Fachserie 1, Heft 5.

*– Vereinigung der Verfolgten des Naziregimes –
Bund der Antifaschisten (VVN-BdA)*

In der Vereinigung der Verfolgten des Naziregimes – Bund der Antifaschisten blieb der Einfluß der Deutschen Kommunistischen Partei ungeschmälert. Die VVN-BdA sucht Kampagnen gegen „Berufsverbote", für Abrüstung und anderes unter nichtkommunistischen Antifaschisten zu verbreiten. Diesen Personenkreis versucht sie gegen die CDU/CSU und gegen Vertriebenenverbände zu gewinnen.

Mehr als die Hälfte der Präsidiumsmitglieder der VVN-BdA sind Kommunisten. Die Vereinigung ist Mitglied des prosowjetischen Dachverbandes Internationale Förderation der Widerstandskämpfer (FIR) und ist dem sowjetisch gelenkten Weltfriedensrat (WFR) angeschlossen. Ihre internationalen Beziehungen nutzt sie zur Beeinflussung der internationalen öffentlichen Meinung gegen „Neonazismus" und „Berufsverbote", der Weigerung einer Übernahme von Extremisten ins Beamtenverhältnis in der Bundesrepublik Deutschland sowie gegen den NATO-Doppelbeschluß zur Verhandlung und Nachrüstung des Jahres 1979.

– Die Deutsche Friedensgesellschaft – Vereinigte Kriegsdienstgegner (DFG-VK)

Die Deutsche Friedensgesellschaft – Vereinigte Kriegsdienstgegner wurde 1974 als Zusammenschluß aller relevanten Friedens- und Kriegsdienstverweigerer-Organisationen in der Bundesrepublik Deutschland gegründet. Auf ihrem Bundeskongreß vom 21. – 23. November 1980 bezifferte sie die Zahl ihrer Mitglieder auf 20 674 und bildet die mitgliederstärkste unter den kommunistisch beeinflußten Organisationen. Gleichzeitig ist sie die Organisation, deren Mitglieder zum größten Teil Nichtkommunisten sind.[104]

In der Präambel zu ihrem Programm heißt es: „Die Deutsche Friedensgesellschaft – Vereinigte Kriegsdienstgegner (DFG-VK) ist eine unabhängige Vereinigung von Menschen verschiedener Weltanschauungen und unterschiedlicher politischer Auffassungen, die aus geistiger, sittlicher und politischer Verantwortung das dauernde friedliche Zusammenleben aller Völker durch Beseitigung des Krieges und seiner Ursachen erstrebt. Im antimilitaristischen Kampf mit Menschen gleicher Zielsetzungen im eigenen und in anderen Ländern verbunden, ist sie Teil der nationalen und internationalen Bewegung gegen Krieg und Unterdrückung."[105]

Seit ihrem 3. Bundeskongreß im November 1980 haben Kommunisten führende Positionen im vierzehnköpfigen Bundesvorstand inne. Einer der beiden Bundesvorsitzenden, Klaus Mannhardt, gehört dem sowjetisch gelenkten Weltfriedensrat und dem Büro des Komitees für Frieden, Abrüstung und Zusammenarbeit (KFAZ) an. „Die DFG – VK muß sich nicht fragen lassen, wie die Kommunisten in ihren Reihen damit fertig werden, daß sie doch eigentlich Pazifismus nicht für eine revolutionäre, sondern für eine bürgerliche Ideologie[106] halten. Die Pazifisten im Verband müßten vielmehr erklären können, warum sie bei einer Ideologie Anleihen für ihre Kriegsursachenanalyse machen mußten, die Kriegsdienstverweigerung als eine Ausdrucksform pazifistischer Gesinnung grundsätzlich ablehnt."[107] Die DFG-VK beteiligte sich an der Unterschriftenaktion für den Krefelder Appell. Nach ihrer Grußadresse auf dem VII. SDAJ-Bundeskongreß 1982 in Düsseldorf will sie sich nicht von einer „gemeinsamen Arbeit mit der SDAJ abbringen lassen".[108]

– *Komitee für Frieden, Abrüstung und Zusammenarbeit (KFAZ)*

1974 wurde das Komitee für Frieden, Abrüstung und Zusammenarbeit (KFAZ) gegründet. Der Anstoß war auf dem Weltkongreß der Friedenskräfte 1973 in Moskau erfolgt, der vom Weltfriedensrat durchgeführt worden war. Auf einem gleichnamigen Kongreß im Dezember 1974 erklärten sich circa 300 Personen bereit, eine solches Komitee zu bilden und darin mitzuarbeiten. Heute sind im Büro des KFAZ unter anderem zwei Bundesvorsitzende von DKP-beeinflußten Organisationen vertreten: Klaus Mannhardt, Bundesvorsitzender der Deutschen Friedensgesellschaft – Vereinigte Kriegsdienstgegner und Dr. Josef Rossaint, Präsident der Vereinigung der Verfolgten des Naziregimes – Bund der Antifaschisten. Die Deutsche Friedensunion ist im Büro der KFAZ durch Horst Trapp, Mitglied der Kommission Abrüstung und Sicherheit vertreten. Die Demokratische Fraueninitiative stellt mit der langjährigen Bundesvorsitzenden des Sozialistischen Hochschulbundes (SHB), Mechthild Jansen, ihre Vertreterin. Mechthild Jansen wurde wegen ihrer Zusammenarbeit mit Kommunisten aus der Sozialdemokratischen Partei Deutschlands ausgeschlossen; dem SHB wurde die Führung des Namens „Sozialdemokratisch" durch den Parteivorstand der SPD verboten.

Alle diese Organisationen vertreten die orthodox-kommunistische Gesellschaftsanalyse des staatsmonopolistischen Kapitalismus (siehe Seite 32). Damit bildet das Büro des KFAZ, das die Richtlinien des Komitees maßgebend bestimmt, kein breites Spektrum gesellschaftspolitischer Anschauungen, noch viel weniger ein „breites Bündnis" unterschiedlicher gesellschaftlicher Kräfte, wie es das Komitee zuweilen glauben macht. Die Mitgliedschaft seiner führenden Funktionäre in DKP-beeinflußten Verbänden macht eine unmittelbare DKP-Mitgliedschaft überflüssig oder läßt ihr Fehlen aus taktischen Gründen vermuten.

Das KFAZ dient der Koordinierung kommunistischer Abrüstungskampagnen durch gemeinsame Aktionen von Kommunisten und Nichtkommunisten. Es diente auch als Koordinierungsgremium der Bonner Großdemonstration vom 10. Oktober 1981 gegen den NATO-Doppelbeschluß zur Verhandlung und Nachrüstung im Bereich der Mittelstreckenraketen. Zu dieser Demonstration konnten cirka 300 000 Personen mobilisiert werden. Das Komitee hat weder eine rechtlich verbindliche noch eine tatsächlich feste Organisation. Seine Geschäftsführung wird durch das Büro des KFAZ wahrgenommen, dem neun Personen angehören. Sie koordinieren die Aktivitäten des Komitees, das heute über 400 Personen als Mitglieder haben soll.[109] Das Komitee residiert beim Kölner Pahl Rugenstein-Verlag; die Hauptarbeit des Komitees wird von den beiden Mitarbeitern des Verlags, Gunnar Matthiessen und Achim Maske wahrgenommen. „Beide sind aus der sogenannten ‚Stalinistischen Fraktion' des damals mehrheitlich antiautoritär ausgerichteten Sozialistischen Deutschen Studentenbundes (SDS) hervorgegangen, einer Fraktion, die dann zur Keimzelle des 1971 gegründeten Marxistischen Studentenbundes Spartakus (MSB Spartakus) werden sollte, das heißt der Studentenorganisation der DKP."[110]

Weder Matthiessen noch Maske gehören der DKP an. Die Mehrzahl der Mitglieder sind Nichtkommunisten, von denen einzelne die Organisation nach außen repräsentieren. Alle Mitglieder der Leitungsgremien des KFAZ gehören persönlich oder über ihre Organisation (DFU, VVN – BdA) dem sowjetisch gelenkten Weltfriedensrat an.

Zur Orientierung des KFAZ und zu den Bemühungen der Deutschen Kommunistischen Partei um Beeinflussung gesellschaftlicher Organisationen äußerte sich die Bundesregierung bereits am 21. März 1978 ausführlich auf eine Anfrage im Deutschen Bundestag: „Das Maß der Beeinflussung derartiger Organisationen durch Kommunisten kann dabei nicht unbedingt aus der Zahl erkennbarer KP-Anhänger unter ihren Mitgliedern abgeleitet werden.

Nicht selten sind Mitglieder von Vorständen auch in scheinbaren Führungsfunktionen sowie die Mehrheit der Mitglieder keine Kommunisten. Entscheidende Funktionen, vor allem im organisatorischen Bereich, beispielsweise in den als Sekretariat, Büro oder in ähnlicher Weise bezeichneten Führungs- und Entscheidungsgremien liegen jedoch überwiegend in den Händen kommunistischer oder prokommunistischer Funktionäre, die – häufig auch unter Inanspruchnahme weitgehender materieller Unterstützung der sie entsendenden Organisationen – die Gestaltung der politischen Aktionen, die Abfassung von Erklärungen und anderer Tätigkeiten der beeinflußten Organisation entscheidend prägen.

In diesem Zusammenhang ist auch das 1974 unter maßgeblicher Beteiligung der DKP, ihrer Nebenorganisationen und von ihr beeinflußter Organisationen gegründete KFAZ zu sehen. Aus der Sicht der DKP sollen hier die Werte des Friedens und der Abrüstung benutzt werden, um durch gemeinsame politische Aktionen von Kommunisten und Nichtkommunisten die Vorstellung des orthodoxen Kommunismus zur Friedens- und Abrüstungspolitik zu verbreiten und durchzusetzen. Die weder rechtlich verbindliche noch tatsächlich feste Organisation des Komitees schließt eine demokratische Kontrolle seiner Funktionäre faktisch aus.

Die meisten Mitglieder sind Nichtkommunisten, von denen einzelne in scheinbaren Führungsfunktionen die Organisation nach außen repräsentieren. Die eigentliche Arbeit, insbesondere die organisatorische Vorbereitung der Aktivitäten des Komitees, zum Beispiel die einer größeren Öffentlichkeit bisher bekanntgewordene ‚Abrüstungsdemonstration' und Aufrufe, besorgt jedoch das ‚Büro des KFAZ. Es ist das Leitungsgremium des KFAZ' und besteht aus Mitgliedern, die nicht gewählt, sondern durch Konsens eingesetzt wurden. Die laufenden Geschäfte erledigt ein Geschäftsführer.

Von diesen Personen gehörte der überwiegende Teil als Mitglied zum Teil sogar als leitender Funktionär Organisationen an, die unter kommunistischem Einfluß stehen und die dem KFAZ teilweise auch technische und organisatorische Hilfe leisten."[111]

Das KFAZ hat die Richtigkeit dieser Feststellungen nie ernsthaft bestritten.[112]

– *Die Vereinigung Demokratischer Juristen e.V. (VDJ)*

In der auf Initiative der DKP gegründeten VDJ sind Kommunisten maßgeblich tätig. Sie versuchen, die Rechtspolitik im kommunistischen Sinne zu beeinflussen. Die VDJ ist Mitgliedsverband der sowjetisch gesteuerten Internationalen Vereinigung Demokratischer Juristen (IVDJ).

– *Demokratische Fraueninitiative (DFI)*

Die Demokratische Fraueninitiative wurde 1975 mit Unterstützung der DKP als Initiative Internationales Jahr der Frau '75 gegründet und 1976 umbenannt. In ihrem Leitungsgremium, dem Zentralen Arbeitskreis, sind Kommunistinnen in entscheidenden Funktionen tätig. Die DFI verfügt nach eigenen Angaben über 70 örtliche Gruppen. Sie versucht, die Aktivitäten „fortschrittlicher" Frauengruppen zu koordinieren und im Sinne der DKP zu lenken. DKP und DFI führen zuweilen gemeinsame Veranstaltungen durch.

III. Beispiele kommunistischer Bündnispolitik

Nach den theoretischen Überlegungen, die den Begriff der Bündnispolitik als notwendiges taktisches Element kommunistischer Parteipolitik erkennen ließen, und nach der Darstellung ihrer Ausprägungen im organisatorischen Bereich geht es im folgenden um die Konsequenzen, die die theoretischen Überlegungen und die organisatorischen Vorbereitungen der kommunistischen Partei in der konkreten Politik der Bundesrepublik Deutschland gefunden haben. Eine Ausnahme wird hierbei die Diskussion der eurokommunistischen Bewegung bilden, die die DKP aufgrund ihrer Abhängigkeit von der SED der DDR sowie der KP der Sowjetunion konsequent ignorierte. Dennoch bildet der Eurokommunismus eine Variante kommunistischer Bündnispolitik, die deshalb auch berücksichtigt wird.

1. Die Ostermarschbewegung

Als erste Bürgerinitiative größeren Ausmaßes in der Bundesrepublik Deutschland bildete die internationale Ostermarschbewegung, deren Ziel die Revision der verteidigungspolitischen Entscheidung für den potentiellen Einsatz von Atomwaffen war, seit Ende der fünfziger Jahre ein bundesweites Netz von Komitees und organisierte 1960 den ersten Ostermarsch.[113] Unter dem Namen „Ostermarsch der Atomwaffengegner" wurden Ostermärsche in der Bundesrepublik Deutschland nach dem britischen Vorbild der Campaign for Nuclear Disarmement (CND), der Bewegung Lord Bertrand Russells, vorwiegend in Norddeutschland organisiert. Karl A. Otto grenzt sie auf das Jahrzehnt von 1960 bis 1970 ein: „Zeitlich stellt das Jahrzehnt von 1960 (dem ersten Ostermarsch in der Bundesrepublik) bis 1970 (der öffentlichen Austrittserklärung der Führungsgruppe um Buro, Klönne und Vack) eine relativ geschlossene Periode der Kampagne-Tätigkeit dar."[114] 1962 hatte sich die Ostermarsch-Bewegung umbenannt in Ostermarsch der Atomwaffengegner – Kampagne für Abrüstung, 1963 in Kampagne für Abrüstung – Ostermarsch der Atomwaffengegner und 1968 in Kampagne für Demokratie und Abrüstung. Seit 1961 verfügte sie über zentrale und regionale und örtliche Gliederungen, die sich schließlich nahezu über das gesamte Bundesgebiet erstreckten.

Anfänglich rekrutierte sich die Bewegung fast ausschließlich aus Anhängern eines ethisch religiösen Pazifismus, entwickelte sich jedoch zunehmend zu einer außerparlamentarischen Sammelbewegung mit Anhängern unterschiedlicher – pazifistischer, christlicher, sozialistischer, kommunistischer – weltanschaulich-politischer Richtungen. Auch die zunächst gegen den Krieg, Bau und Einsatz von Atomwaffen schlechthin gerichtete Thematik der Bewegung wandelte sich über Vorschläge zu einer alternativen Abrüstungspolitik nicht zuletzt unter dem Einfluß des Sozialistischen Deutschen Studentenbundes zur grundsätzlichen Kritik aus vornehmlich antikapitalistischer Perspektive an der politischen und gesellschaftlichen Ordnung der Bundesrepublik Deutschland.

Seit 1965 bemühte sich die 1956 verbotene Kommunistische Partei Deutschlands verstärkt, Mitglieder oder Anhänger nach Möglichkeit in Führungsfunktionen der einzelnen Gruppierungen der Ostermarschbewegung zu bringen, was ihr in den folgenden Jahren mit unterschiedlichem Erfolg gelang. Inwieweit von einem erheblichen Einfluß der KPD oder ihrer Anhänger auf die Ostermarschbewegung gesprochen werden kann, ist wegen der vordergründig weitgehend übereinstimmenden Ziele der orthodoxen Kommunisten mit denen der anderen an der Ostermarschbewegung beteiligten Richtungen kaum festzustellen. Die Schwierigkeiten, die Zielsetzung einer Teilnahme von Kommunisten als Huckepack-Verfahren kommunistischer Bündnispolitik zu identifizieren, kommen in der Antwort der Bundesregierung auf eine Anfrage der CDU/CSU-Fraktion im Deutschen Bundestag vom 22. März 1982 auf die Frage zum Ausdruck, ob es richtig sei, daß die bisher bekannten politischen Zielsetzungen des Ostermarsches 1982 allesamt den Vorstellungen der von der DKP vertretenen sowjetischen Politik entsprächen und daß die DKP, ihre Nebenorganisationen und von ihr beeinflußte Organisationen Initiatoren und zentrale organisierende und steuernde Kraft des Ostermarsches seien:[115]

„Die Kleine Anfrage zielt erneut an der Problematik des Zusammenwirkens zwischen Nichtkommunisten und orthodoxen Kommunisten vorbei, indem sie sich darauf beschränkt, dieses Zusammenwirken als Erfolg orthodoxkommunistischer Bündnispolitik auf der Basis einer teils bis auf Lenin zurückgeführten Kontinuität politisch ideologischer Inhalte sowie aktionsförmiger und personeller Strukturen zu interpretieren. Bei dieser Betrachtungsweise wird übergangen, daß für gemeinsame Aktionen von Nichtkommunisten und orthodoxen Kommunisten den genannten Faktoren im Vergleich zu den von nichtkommunistischen Teilnehmern hierbei verfolgten Interessen keine überwiegende Bedeutung zukommt."[116]

Im Einzelnen antwortete die Bundesregierung auf schriftlichem Wege: „Die im ‚Aufruf zum Ostermarsch Ruhr '82'
enthaltenen Forderungen
- keine Atomraketen in unserem Land
- keine Stationierung der Neutronenwaffe in der Bundesrepublik
- für ein atomwaffenfreies Europa
- für die Vernichtung aller Atomwaffen und aller anderen Massenvernichtungswaffen in Ost und West

können in etwa als repräsentativ für die Aufrufe zu ‚Ostermärschen' 1982 gelten. Nicht alle Aufrufe enthalten alle vier Forderungen, gelegentlich wird die ‚Beendigung des Wettrüstens' gefordert oder eine ‚atomwaffenfreie Zone' in Europa oder die Wendung ‚keine neuen Atomraketen' ersetzt durch die Forderung an die Bundesregierung, die Zustimmung zur Stationierung der Pershing II Raketen und Marschflugkörpern zurückzuziehen.

Alle diese Forderungen werden auch von der DKP vertreten, wobei die Aufhebung des NATO-Doppelbeschlusses beziehungsweise die Verhinderung der Stationierung von Pershing II Raketen und Marschflugkörpern für die DKP die wichtigste Forderung ist. Diese Forderungen entsprechen den derzeitigen Zielen oder Vorschlägen der sowjetischen Außenpolitik, können jedoch auch ohne die Absicht der Förderung orthodox-kommunistischer Ziele vertreten werden.

Nach den der Bundesregierung vorliegenden Informationen scheinen die DKP, ihre Nebenorganisationen und von der DKP beeinflußte Organisationen die initiierende, organisierende und steuernde Kraft der ‚Ostermärsche' 1982 zu sein.

Allerdings sind die Versuche orthodoxer Kommunisten, Vorbereitung und Inhalt der ‚Ostermärsche' zu bestimmen, auch auf die Kritik nichtkommunistischer Teilnahmewilliger gestoßen. In einem undatierten ‚offenen Brief' an die Friedensbewegung anläßlich der Ostermärsche '82 kritisierte der Landesverband Nordrhein-Westfalen der ‚Grünen' beispielsweise das Vorbereitungstreffen für den oben angeführten ‚Ostermarsch Ruhr '82' am 23. Januar 1982 in Dortmund.

Den blockunabhängigen Kräften der Friedensbewegung wurde lediglich eine Statistenrolle zuteil, wir sollten nur noch zu allem Ja und Amen sagen.

Die Ostermarsch-Bewegung war ... zu keiner Zeit eine Bewegung, die sich nur gegen einen Teilaspekt der Kriegspolitik wandte. Etwa nur gegen neue Waffensysteme oder nur gegen den rüstungswahnsinnigen Westen!

Diese Ansicht wird unter den gegenwärtigen Bedingungen von der Landesorganisation Nordrhein-Westfalen der Grünen vertreten. Die ursprüngliche Ostermarschbewegung der sechziger Jahre zerfiel aus ähnlichen Gründen der Vereinnahmung und Instrumentalisierung der ethisch pazifistischen Idee durch die kommunistische Partei.

Formell bestand zwar auch nach 1970 noch ein – vor allem von der DKP unterstützer – ‚zentraler Ausschuß', der sich auf verstreute Restbestände der Kampagne stützen konnte, faktisch aber hatte die KfDA (Kampagne für Demokratie und Abrüstung) ihre Fähigkeit, Kristallisationspunkte außerparlamentarischer Opposition zu entwickeln, verloren und damit ihre Identität eingebüßt. Das änderte sich auch nicht mehr, als 1971/72 Versuche, die KfDA zu reaktivieren, durch den Wiedereintritt des Verbandes der Kriegsdienstverweigerer (VK) in den zentralen Ausschuß (ZA) und durch Neueintritte der Vorstände des Verbandes deutscher Studentenschaften (VDS), der Jungdemokraten des Landesverbandes Hessen und des Politischen Arbeitskreises Schulen (PAS) scheinbar erfolgreich waren. Nach einer ‚Frühjahrskampagne '72 für Abrüstung, Sicherheit und internationale Solidarität' in der Woche vom 25. 3. bis 1. 4. 1972 trat die KfDA öffentlich kaum noch in Erscheinung."[117]

Politischer Anlaß für den Zerfallprozeß der Ostermarschbewegung waren die sich in der Haltung der DKP zum Einmarsch in die Tschechoslowakei manifestierenden, unüberbrückbaren politischen Differenzen. Bei der Einschätzung derartiger Ereignisse und der Intransigenz der Reaktion der Deutschen Kommunistischen Partei wird ihre außenpolitische Abhängigkeit deutlich. Selbstverständlich tun sich Parteien gleicher weltanschaulicher Herkunft stets schwer, Ereignisse im nationalen oder internationalen Raum zu kritisieren oder gar zu verurteilen, die Schwesterparteien zu verantworten haben. Bei orthodox-kommunistischen Parteien wird diese verständliche Solidarität jedoch bis zur Selbstverleugnung strapaziert. Entgegen der öffentlich verkündeten Auffassung von der Gleichberechtigung aller kommunistischer Parteien besteht offensichtlich ein nicht ernsthaft in Frage gestellter Führungsanspruch der KPdSU. Die Anerkennung dieser Tatsache wird häufig genug in Reden von Spitzenfunktionären der DKP ausgedrückt. Im Sinne des Organisationsprinzips des demokratischen Zentralismus erscheint dieser Hegemonieanspruch der Sowjetunion durchaus konsequent.

In gleicher Weise kann man die Führungsrolle der KPdSU für die kommunistisch regierten Länder auf die Staatsebene übertragen: Der Rat für wirtschaftliche Zusammenarbeit (COMECON) bildet trotz der wirtschaftlichen Probleme seiner Mitgliedsländer in seiner Konsequenz ein internationales Versorgungsinstrument für die Sowjetunion. Durch die Festlegung des „Verrechnungsrubels" beispielsweise vermag sie die Höhe von Zahlungen zu bestimmen und damit zu steuern. Die übrigen Mitglieder erhalten weitgehend die Funktion von Zulieferländern, die in der kolonialen Terminologie als „Ausbeutung" der Trabanten bezeichnet wird.

Versteht man den Leninismus als eine Fortsetzung des Zarismus, so bildet die sowjetische Außenpolitik eine konsequente Fortsetzung imperialer Außenpolitik. In diesem Kontext ist auch die Unterstützung von Aktionen wie der Ostermarschbewegung als eine atmosphärische Beeinflussung ausländischer öffentlicher Meinung zu sehen.

Es erscheint verständlich, obwohl es nur teilweise zutreffend ist, daß die Ostermarschbewegung des Jahres 1982 sich auf die Tradition der sechziger Jahre beruft. Historische Vorbilder wirken häufig motivierend; sie lassen sich relativ leicht idealisieren und verallgemeinern: „Wer heute für Entspannung und Abrüstung, gegen Berufsverbote und für die Verteidigung der demokratischen Rechte eintritt, fängt also nicht von vorn an. Er setzt die Tradition der demokratischen Bewegung unseres Landes fort, die es immer gegeben hat und die Erfolge zu verzeichnen hat, auch wenn dies die bürgerliche Geschichtsschreibung und Presse gern in Vergessenheit geraten lassen möchte."[118]

Während jedoch die Ostermarschbewegung der sechziger Jahre ursprünglich pazifistisch „nach allen Seiten" angelegt war, war in den Aufrufen zum Ostermarsch 1982 zu schnell eine ideologisch einseitige Orientierung, eine Einäugigkeit im Spiel. So wurde zu dem Ostermarsch '82 mit der Maxime: „Gegen die atomare Bedrohung gemeinsam vorgehen, keine neuen Atomraketen, für Abrüstung und Entspannung in Europa", aufgerufen. Da der Doppelbeschluß der NATO zur Verhandlung und Nachrüstung im Raketenmittelstreckenbereich von der Einschätzung ausgeht, daß der Warschauer Pakt unter dem Schutz der Salt-Verhandlungen, die sich ihrer Bezeichnung nach lediglich auf strategisch relevante Waffen beziehen (Strategic Arms Limitation Talks), im atomaren Raketenmittelstreckenbereich fortgerüstet habe, und daher eine Nachrüstung erforderlich sei, muß das Motto der Ostermarschbewegung 1982 entweder von einer anderen Einschätzung der Verteidigungspotentiale ausgehen als es die NATO tut, oder sie muß ein militärisches Ungleichgewicht zwischen NATO und Warschauer Pakt bewußt in Kauf nehmen. Wie eindeutig die Stoßrichtung der Ostermarschbewegung des Jahres 1982 und wie berechtigt die oben dargestellte Einschätzung ist, zeigt die Äußerung der DFU-orientierten Deutschen Volkszeitung: „Nach dem jetzigen Stand werden mindestens 50 größere Osteraktionen gegen die neuen US-Atomraketen in Europa vorbereitet, 30 davon sind Ostermärsche in allen Bundesländern und Westberlin."[119]

Die von der DKP gegen den NATO-Doppelbeschluß verwendete Argumentation läßt sich als Analogie zur Einschätzung der friedlichen Nutzung der Kernenergie beinahe wörtlich aus der Einbringungsrede Willi Gerns zum Programmentwurf des Parteivorstandes auf dem V. Parteitag der DKP in Mannheim 1978 übernehmen.

Für Gerns war damals die Nutzung der Kernenergie in sozialistischen Ländern unter den Bedingungen eines geringeren Sicherheitsstandards eher akzeptabel als in westlichen Industrienationen mit ihren relativ hohen Sicherheitsauflagen: Seine Begründung geriet zu einem Lehrstück dialektischer Argumentation: „Als Marxisten gehen wir davon aus, daß es bei der Nutzung der Ergebnisse des wissenschaftlich technischen Fortschritts zwar noch wissenschaftliche und technische Probleme zu lösen gibt, die unabhängig vom Gesellschaftssystem bestehen. Zugleich berücksichtigen wir jedoch auch das dialektische Wechselverhältnis von Produktivkräften und Produktivverhältnissen. Wie und zu wessen Nutzen die Produktivkräfte genutzt werden, das hängt entscheidend von den Produktionsverhältnissen ab. Das gilt auch für die Meisterung der Gefahren bei der Nutzung von Produktivkräften. Die Kernenergie zeigt dabei deutlicher als andere Produktivkräfte, daß für sie der durch das kapitalistische Eigentum an den Produktionsmitteln und die Profitmacherei gezogene Rahmen der kapitalistischen Produktionsverhältnisse zu eng geworden ist und durch den Sozialismus überwunden werden muß."[120]

Trotz der Eindeutigkeit der politischen Stoßrichtung der neuen Ostermarschbewegung, die an Traditionen anzuknüpfen versucht, sind viele –wenn nicht die meisten – der beteiligten Organisationen sicherlich keine Kommunisten. Hiermit würde man weder den gesinnungsethisch orientierten Organisationen noch dem Wesen kommunistischer Bündnispolitik gerecht, die gerade die partielle Übereinstimmung heterogener Bevölkerungsteile und deren Gutgläubigkeit auszunutzen versucht. (Siehe hierzu den Abschnitt Krefelder Appell Seite 131).

Selbst wenn man die 450000 Personen, die sich nach Angaben der Veranstalter an den Protestkundgebungen von Januar bis April 1982 beteiligt haben sollen,[121] für erheblich überhöht hält, machten die Osterdemonstranten ein Vielfaches des kommunistischen Potentials in der Bundesrepublik aus. So gingen Unterstützungserklärungen für den Ostermarschaufruf Ruhr „von den Friedensinitiativen, von gesellschaftlichen, politischen und Jugendorganisationen, von 32 hauptamtlichen DGB-Sekretären und 115 Betriebsratsmitgliedern" ein. Weiterhin unterstützten „der Bund deutscher Pfadfinder NRW, die Naturfreunde NRW, die Jungsozialisten Westliches Westfalen, die Jungdemokraten NRW, die Friedenskooperative Ruhr der Grünen, die Kirchliche Bruderschaft Rheinland, 200 Hochschullehrer und Mitarbeiter der Dortmunder Hochschulen den Aufruf."[122]

Die kommunistische Bündnispolitik provozierte in der Ostermarschbewegung der sechziger Jahre die Zerrüttung der Bewegung, da Kommunisten zwar durch die Übernahme wesentlicher Funktionen in der Bewegung zunehmend Einfluß ausgeübt hatten, sie jedoch andererseits aufgrund ihrer internationalen Verpflichtungen, vor allem gegenüber der KPdSU und der SED zu inflexibel waren, als daß sie nach dem Einmarsch der Truppen des Warschauer Paktes in die CSSR noch hinreichend integrierend auf die Bewegung hätten wirken können. In gleicher Weise sind Differenzen in der neuen Ostermarschbewegung absehbar. Der Minimalkonsens, auf den sich die erwähnten heterogenen Organisationen einigen können, verträgt keine zusätzliche Belastung durch eine von außen vorgegebene Einseitigkeit der Bewegung.

2. Rote-Punkt-Aktionen

Ein Versuch der Deutschen Kommunistischen Partei, vor allem die sozialdemokratische Basis zu punktuellen Bündnissen zu veranlassen, waren in den frühen siebziger Jahren die sogenannten Rote-Punkt-Aktionen, die sich gegen Preiserhöhungen im öffentlichen Personennahverkehr richteten und als Fernziel die Forderung nach einem Null-Tarif durchzusetzen suchten. „Die Jungsozialisten sind aktuell für das Einfrieren der Fahrpreise und letztlich für einen Null-Tarif im öffentlichen Nahverkehr, ..."[123]

Die „Rote-Punk-Aktionen fielenmit dem anti-autoritären Aufbruch der Arbeitsgemeinschaft der Jungsozialisten in der SPD zusammen, deren Mitglieder den bündnispolitischen Bestrebungen der kommunistischen Partei zuweilen erlagen. Die Sozialstruktur der aktiven Jungsozialisten führte – unter Vernachlässigung und entgegen ihrer Theorie – zur vordringlichen politischen Arbeit im sogenannten Reproduktionsbereich, das heißt im Bildungs- und Gesundheitswesen, in der Kommunalpolitik und in ähnlichen Bereichen. Primäre Erfahrungswelt der meisten Jungsozialisten ist nicht der Betrieb, sondern die Schule, die Universität, das Krankenhaus, das kommunale Umfeld.

Daher war es verständlich, daß Theorie und Praxis der Kommunalpolitik zu Schwerpunkten der jungsozialistischen Arbeit wurden und sie das Angebot zu gemeinsamen Demonstrationen der Deutschen Kommunistischen Partei relativ unkritisch annahmen. Der damalige stellvertretende und spätere Bundesvorsitzende der Jungsozialisten, Wolfgang Roth, nahm beispielsweise an einer solchen Demonstration 1971 in Hamburg teil. Diese Aktion wurde wesentlich von Kommunisten getragen.

„Am Sitz der kommunistisch dominierten Deutschen Friedens-Union (DFU), mittlerweile zur Geschäftsstelle des ‚Initiativkreises Roter Punkt' umfunktioniert, entwickelten Jungsozialisten zusammen mit Kommunisten unterschiedlicher Observanz, ASTA-Vertretern Hamburger Hochschulen, aber auch mit Organisationen wie dem DGB-Kreisjugendausschuß und den Jungdemokraten und sogar mit einer ‚Basisgruppe Telegrafenamt', einem verlorenen Häuflein von drei Mann, gemeinsam die Strategie ihres ‚Anti-Fahrpreiserhöhungsfeldzuges'."[124]

Nach der Demonstration hatte der Vorstand des Landesverbandes Hamburg der SPD ein Parteiordnungsverfahren gegen Wolfgang Roth eingeleitet, der mit seiner Teilnahme an der Aktion gegen den Abgrenzungsbeschluß der SPD-Führungsgremien vom 26. Februar 1971 verstoßen hatte. Roth wurde gemeinsam mit sieben weiteren Jungsozialisten von der Schiedskommission des Landesverbandes aus der Partei ausgeschlossen. Die Mitgliedsrechte wurden bis zum Abschluß des Verfahrens vor der Bundesschiedskommission suspendiert.[125] Der Juso-Bundesvorstand nahm zu dem Parteiordnungsverfahren Stellung: „Im Rahmen der außerparlamentarischen Arbeit sei die Mitwirkung noch anderer, als in der SPD organisierter fortschrittlicher Gruppen notwendig. Die Durchführung von Aktionen könne nicht deshalb infrage gestellt werden, weil sich kommunistische Gruppen daran beteiligten."[126]

Alle acht Betroffenen legten Berufung auf Bundesebene ein. Nachdem am 27. Februar 1972 Wolfgang Roth zum Bundesvorsitzenden der Arbeitsgemeinschaft der Jungsozialisten gewählt worden war, machte das Bundesschiedsgericht der Sozialdemokratischen Partei Deutschlands den vorläufigen Ausschluß rückgängig und erkannte auf eine Rüge Wolfgang Roths.

Die Zulässigkeit von Aktionsbündnissen der Partei oder ihrer Organisationen mit der DKP oder mit kommunistischen Gruppierungen stellte einen der wesentlichen Streitpunkte zwischen der SPD und den Jungsozialisten dar. Parteivorstand, Parteirat und Kontrollkommission hatten in ihrer Entschließung vom 26. Februar 1971 eindeutig Stellung bezogen:

„II. In der SPD ist kein Platz für:
1. jene, die aus der parlamentarisch demokratischen Reformpartei des Godesberger Programms eine Kaderpartei revolutionären Typs machen wollen,
2. jene, die innerhalb dieser Partei eigene Organisationen mit abweichenden programmatischen Zielen bilden oder zu bilden versuchen,

3. jene, die in diese Partei hineinwollen, um ihr Schaden zuzufügen oder sie zu spalten.

III. Parteirat, Parteivorstand und Kontrollkommission erwarten von allen Mitgliedern der Partei die unmißverständliche Respektierung des Beschlusses über die Unvereinbarkeit von Aktionsgemeinschaften mit kommunistischen Organisationen, welcher Richtung auch immer."[127]

Dieser Beschluß zur Frage einer Zusammenarbeit mit DKP, SEW, SDAJ und FDJ war damals seit längerem bereits vorbereitet. Die Spitzengremien der SPD reagierten nach der spektakulären Weigerung des damaligen Münchener Oberbürgermeisters Hans-Jochen Vogel, erneut als Münchener Spitzenkandidat zu kandidieren, mit der Beschlußfassung und der Veröffentlichung dieses Papiers. Der damalige Bundeskanzler Willy Brandt ging in der Sitzung der Spitzengremien, auf der die von dem Berliner Politikwissenschaftler Professor Richard Löwenthal vorbereitete Entschließung zum Verhältnis von Sozialdemokratie und Kommunismus beschlossen wurde, auf die Ereignisse in München ein.[128]

Am 8. März 1971 erklärte er auf einer öffentlichen Kundgebung der SPD in München: „Wenn die Partei ihren Auftrag erfüllen und wenn sie zusätzliches Vertrauen gewinnen will, dann muß sie sich von den extremen Gruppen und Bestrebungen deutlicher abgrenzen und – wo es im Einzelfall erforderlich ist – trennen. Ebenfalls darf es keine Partei in der Partei geben, keine eigene Organisation mit abweichenden programmatischen Zielen."[129]

Die Jungsozialisten reagierten auf die Entschließung des Parteivorstands gereizt. Sie bezeichneten die Erklärung der Spitzengremien der SPD als „Unterstellung", die sie „mit Entschiedenheit" zurückwiesen. Es „war und ist nicht ihr Ziel, eine totalitäre Kaderorganisation oder einen anarchistischen Sektiererclub" aus der SPD zu machen.[130] In der Entschließung zum Verhältnis von Sozialdemokratie und Kommunismus sehen Rainer Naudiet und Gerd Walter „das Instrument eines emotionalen Antikommunismus und nicht einer rational begründeten Abgrenzung." Sie sehen ihre Meinung bestätigt durch den oben zitierten, gleichzeitig gefaßten Beschluß des Parteirates, der gemeinsame Aktivitäten von Sozialdemokraten und Kommunisten verbot.[131]

In der Folge fanden gemeinsame Veranstaltungen der Jungsozialisten, der Deutschen Kommunistischen Partei, ihrer inoffiziellen Jugendorganisationen, der Sozialistischen Deutschen Arbeiterjugend (SDAJ) sowie ihres Studentenverbandes MSB Spartakus statt, ohne daß die Sozialdemokratische Partei initiativ geworden wäre. So veranstaltete der Landesverband Saar der Jungsozialisten mit der Sozialistischen Deutschen Arbeiterjugend und sozialistischen oder kommunistischen Jugendorganisationen Luxemburgs und Frankreichs vom 30. September bis 1. Oktober 1972 ein gemeinsames internationales Seminar in Differdingen/Luxemburg. Die Hamburger Jahreskonferenz der Jungsozialisten 1973 überließ einem DKP-Mitglied das Mikrophon zu einem Erfahrungsbericht.[132] Zu einer Demonstration und Großkundgebung „Solidarität mit Chile" riefen am 22. September 1973 in Köln die Jungsozialisten gemeinsam mit der SDAJ, dem MSB Spartakus und anderen Organisationen auf. Der Münchener SPD-Kreisverband 11 faßte einen Beschluß, der es den Mitgliedern der Partei erlaubte, zu ihren Diskussionen auch Kommunisten einzuladen.[133]

Aufsehen erregte die Rede des Präsidenten des Hamburger Landesamtes für Verfassungsschutz, Hans-Josef Horchem, auf einer NATO-Tagung in Oslo. Unter anderem führte er dort aus:

„Junge Marxisten sind in die Sozialdemokratische Partei, den Seniorpartner unserer auf die Mitte hin orientierten Koalition eingedrungen. Kurz vor dem letzten SPD-Bundesparteitag haben die Jusos, die Jugendorganisation der Partei, einen Aktionsplan verabschiedet, der bei Verwirklichung Westdeutschlands Wirtschaftssystem radikal geändert und seine atlantische Außenpolitik umgestürzt hätte."[134]

Anläßlich des Beschlusses des Münchener SPD-Kreisverbandes veröffentlichte der Nachfolger Hans-Jochen Vogels im Amt des Münchener Oberbürgermeisters, Georg Kronawitter, ein Schreiben, in dem er befürchtete: „Persönlich glaube ich, daß nur noch Träumer vermuten können, hier ginge es um die geistig politische Auseinandersetzung mit der DKP und nicht um eine massive Unterwanderung unserer Partei durch kommunistisch ausgerichtete Kräfte"[135] Derartige Annahmen, so spektakulär sie erscheinen mögen, gewannen innerhalb der Arbeitsgemeinschaft der Jungsozialisten an Bedeutung und Plausibilität durch das vergleichsweise rasche Anwachsen der sogenannten Stamokap-Fraktion, die der Deutschen Kommunistischen Partei ideologisch nahesteht. Ein partielles Verwischen der Grenze zwischen Sozialismus und Kommunismus erscheint durch die Verbreitung dieser DKP-nahen Theorie unter den Jungsozialisten erklärbar. Inzwischen ist die Stamokap-Gruppe stärkste Fraktion auf Juso-Bundeskongressen. Die „Hamburger Koalition", gebildet aus Anhängern des staatsmonopolistischen Kapitalismus und jenen des Antirevisionismus, die 1975 mit dem Berliner Rechtsanwalt Klaus-Uwe Benneter zum ersten Mal einen Vertreter des staatsmonopolistischen Kapitalismus als Juso-Bundesvorsitzenden durchsetzen konnte, verlor lediglich deshalb an Bedeutung, weil Benneter aufgrund seiner öffentlichen Äußerungen vom Parteivorstand erfolgreich mit einem Parteiordnungsverfahren mit dem Ziel des Ausschlusses bedacht wurde und die Antirevisionisten mit den parteivorstandsnahen Reformisten sich auf den heutigen Bundestagsabgeordneten Gerhard Schröder und später auf Willy Piecyk und auf Rudolf Hartung einigen konnten. Der Koalitionsschwenk der Antirevisionisten und das damit verbundene Unterliegen des jeweiligen Stamokap-Kandidaten ließen das erhebliche Anwachsen dieser Fraktion knapp unter die absolute Mehrheit erkennbar werden.

Die „Rote-Punkt-Aktionen" der frühen siebziger Jahre bilden ein Beispiel für die Versuche der Deutschen Kommunistischen Partei, sich durch die Angebote zu Koalitionen gegenüber der sozialdemokratischen Basis ein hinreichend großes Protest-Potential zu schaffen und gleichzeitig die Basis gegenüber der sozialdemokratischen Führung, von der sie seit ihrer Gründung unzweideutige Ablehnung erfahren hat, in Differenzen zu verwickeln. Die Angebote der DKP erfolgen in solchen Fällen koordiniert dezentral, um das gutgläubige SPD-Mitglied an der Basis ohne den tendenziell ablehnenden Filter der Parteibürokratie zu erreichen und um an sein demokratisches Engagement zu appelieren. Aus diesem Grunde wurde bei der Untersuchung der „Rote-Punkt-Aktionen" eher auf die Wirkung innerhalb der Sozialdemokratie, als auf die Motivation der relativ monolithischen Deutschen Kommunistischen Partei abgestellt.

3. Kommunistische Gewerkschaftsarbeit

Ihrem historischen Selbstverständnis entsprechend bilden die Agitation im Betrieb und Versuche der Beeinflussung der personellen und inhaltlichen Politik des Deutschen Gewerkschaftsbundes mit dem permanenten Ziel der punktuellen oder globalen Koalitionsbildung die wesentlichen Arbeitsgebiete der Deutschen Kommunistischen

Partei. Abgesehen vom Hochschulbereich vermögen orthodoxe Kommunisten aufgrund ihres persönlichen Engagements hier am ehesten Sympathien zu mobilisieren. „Aber Betriebsgruppen- und Betriebsarbeit der Partei ist mehr als nur die zeitlich begrenzte Konzentration der Kräfte auf einen Schwerpunkt, sei es ein Betrieb oder ein Arbeiterwohngebiet. Betriebsgruppen- und Betriebsarbeit ist der alles entscheidende Hebel zur Entwicklung des Einflusses unserer Partei in der Arbeiterklasse."[136] Es gilt somit, sich über die persönliche Sympathiewerbung vor Ort als guter Kollege darzustellen und damit die Basis für die innergewerkschaftliche Arbeit zu legen. Die vollständige Identifizierung mit den Gestaltungsansprüchen des Deutschen Gewerkschaftsbundes entspricht dabei den Vorstellungen der orthodoxen Kommunisten von einer Aktionseinheit der Arbeiterklasse. Auf diese Weise hofft man – bisher mit unterschiedlichem Erfolg – eine ideologisch stabile breite Massenbasis zu schaffen. Eine Möglichkeit hierzu sieht die DKP in den Wahlen zu den Betriebsräten der Unternehmen, weil sie hierüber Einfluß auf den Betrieb wie auch auf die Gewerkschaften nehmen kann.[137] Im Gegensatz zu maoistisch-trotzkistischen Splittergruppen ruft die DKP zur Mitarbeit innerhalb der Gewerkschaften auf, um von der Basis in den Gewerkschaften aufsteigen zu können. Durch eine solche Mitarbeit sieht sie die berechtigte Möglichkeit, über die Gewerkschaftslisten des DGB in die Betriebsräte zu gelangen. Daher betont sie permanent ihre Verbundenheit mit den DGB-Gewerkschaften.

Aus ideologischen Gründen der Einheit der Arbeiterklasse sind für die DKP nur die Einheitsgewerkschaften des DGB Ansprechpartner. Weltanschauungsgewerkschaften wie der Christliche Gewerkschafsbund oder berufsständische Organisationen wie die Deutsche Angestellten-Gewerkschaft und der Deutsche Beamtenbund gelten demgegenüber als Spaltergewerkschaften.

So heißt es im DKP-Parteiprogramm: „Die DKP läßt sich stets von der Erfahrung leiten, daß das wichtigste Unterpfand für den Erfolg der Arbeiterklasse im einigen Handeln, in der Aktionseinheit, liegt. Das Ringen um die Herstellung der Aktionseinheit der Arbeiterklasse ist ein Kernstück der Politik der DKP."[138] Und in konsequenter Fortsetzung an anderer Stelle: „Ein besonderes Gewicht für den Kampf der Arbeiterklasse haben die Gewerkschaften. Der DGB und seine Einzelgewerkschaften sind die breiteste und umfassendste Klassenorganisation der Arbeiter, Angestellten und Beamten, der organisierte Ausdruck ihrer gemeinsamen Klasseninteressen. Die Einheitsgewerkschaften, an deren Schaffung die Kommunisten nach der Befreiung vom Faschismus wesentlich beteiligt waren und in denen sie stets aktiv mitarbeiten, stellen eine der größten Errungenschaften der Arbeiterbewegung der Bundesrepublik dar. ... Die kommunistischen Arbeiter, Angestellten und Beamten sind Teil der Gewerkschaften."[139]

a) DKP – DGB

Die gewerkschaftsorientierte Bündnispolitik der DKP bedient sich der Sympathiewerbung ihrer Mitglieder vor Ort, um Wahlmandate auf den unterschiedlichen Ebenen gewerkschaftlicher Organisationen zu erhalten. Auf diese Weise bildet sie ein Geflecht intensiver und vertrauensvoller Beziehungen. Auf dieser Basis sucht sie ihre organisationsbezogene Politik im Sinne Leninscher Bündnisse zu verfolgen. Hierzu gehören einerseits Aktionseinheiten als Teilbündnisse, die zeitlich, thematisch und gegebenenfalls regional begrenzt sind. Sie sind in Krisensituationen vergleichsweise leicht zu realisieren und bilden eine wichtige Voraussetzung für die Transformation der Bündnispolitik auf eine umfassende Stufe. „Aktionseinheit der Arbeiterklasse heißt: Durch das Zusammenwirken der verschiedenen Kräfte und Strömungen der Arbeiterbewegungen, ungeachtet ihrer politischen und weltanschaulichen Meinungsverschiedenheiten, die gemeinsamen politischen und sozialen Interessen in der Aktion zu verwirklichen.

Praktizierte Aktionseinheit, das ist der gemeinsame Kampf von Kommunisten und Sozialdemokraten, christlichen und parteilosen Arbeitern für Lohnerhöhung, gegen Preistreiberei und Mietwucher; für mehr Rechte und Mitbestimmung, gegen die neonazistischen und revanchistischen Kräfte; für die Ratifizierung der Verträge von Moskau und Warschau, für europäische Sicherheit und Abrüstung."[140]

Über diese Stufe der Aktionseinheiten sucht die DKP die Bildung einer Einheitsfront. Dies bedeutet die Zusammenarbeit kommunistischer und nichtkommunistischer Gruppen und Parteien –Zusammenarbeit der DKP mit dem DGB – über eine gemeinsam durchgeführte Aktionseinheit hinaus. Das weitgehende Fehlen einer Abgrenzung des DGB gegenüber der DKP wird von dieser öffentlichkeitswirksam als Angebot zur Zusammenarbeit gedeutet. „Eines der wichtigsten Ergebnisse unserer Tätigkeit seit dem Essener Parteitag besteht darin, daß wir im Verhältnis zu den Gewerkschaften unsere auf die Stärkung ihrer Einheit gerichtete konstruktive, wenn auch nicht unkritische Einstellung bewiesen haben. Wir empfinden es daher als erfreulich, daß in jüngster Zeit von seiten führender Vertreter des DGB und einiger Industriegewerkschaften gleichfalls ein sachlicher, vernünftiger, von den objektiven Interessen der Arbeiterklasse geprägter Kurs gegenüber der DKP bekundet wurde, indem erklärt wurde, man verhalte sich gegenüber der DKP wie gegenüber allen anderen demokratischen Parteien."[141]

Diese Taktik, fehlende Abgrenzung durch die DGB-Führung sowie Kritik an der gegenwärtigen Wirtschafts- und

Gesellschaftsordnung als Bestätigung des eigenen Standpunktes und als aktive Unterstützung der DKP durch den DGB öffentlichkeitswirksam darzustellen, ist durchgängiges Merkmal kommunistischer Bemühungen um Bündnispartner. So machte der DKP-Vorsitzende Herbert Mies in seinem Rechenschaftsbericht an den Mannheimer Parteitag 1978 den DGB zum Koalitionspartner für seine Systemkritik: „Der DGB-Vorsitzende Heinz Oskar Vetter sprach das aus, was immer mehr Gewerkschafter bewegt, als er auf dem diesjährigen DGB-Kongreß erklärte: ‚Wenn der Markt nicht mehr hergibt als die zwangsweise Anpassung der Menschen an die Gewinninteressen der Unternehmer, wenn die marktwirtschaftliche Ordnungspolitik nicht auf mehr hinausläuft als auf eine Unterordnung der staatlichen Wirtschaftspolitik und der gewerkschaftlichen Tarifpolitik unter unternehmerische Gewinn- und Herrschaftsinteressen, dann wird eine so praktizierte Marktwirtschaft für uns untragbar.'

Das ist richtig und wahr. Es zwingt, so scheint uns, zu solchen Schlußfolgerungen, wie wir sie in unserem Parteiprogramm ziehen: ‚Die arbeitenden Menschen brauchen eine grundsätzlich neue Wirtschafts- und Sozialpolitik, die ihren Interessen entspricht'."[142]

Im Unternehmensbereich haben Kommunisten somit verschiedene Zielrichtungen ihrer Tätigkeit: Auf der Individualebene suchen sie Sympathiewerbung vor Ort zu treiben, gegenüber der Unternehmensleitung ist ihr Verhältnis eher kontrovers, während ihr Hauptziel die Beeinflussung der gewerkschaftlichen Organisation ist. Da Kommunisten relativ organisationsbezogen orientiert sind, werden die beiden ersten Tätigkeitsfelder zu Gunsten der gewerkschaftsorientierten Bündnispolitik instrumentalisiert. Diese Taktik bietet sich besonders deshalb an, weil die

Gewerkschaften bei Besetzung der Mitbestimmungsgremien der Untenehmen wesentliche Mitsprachrechte haben. „In die Mitbestimmungssituationen sowie in betriebliche Ämter zu gelangen, um von dort aus die Agitation fortzusetzen, ist das erklärte Ziel aller kommunistischen Gruppen und Parteien im Betrieb. Von besonderem Interesse sind dabei für sie das Gremium der Vertrauensleute, die Jugendgruppensprecher, die Jugendvertretung, der Betriebsrat sowie Gesamtjugendvertretung und Gesamtbetriebsrat wie auch nicht zuletzt die Möglichkeit auf der Arbeitnehmerseite im Aufsichtsrat einen Platz zu erlangen."[143] Dieses Ziel wird durch eine relativ offene Handlungsanweisung angestrebt: „Von seiten unseres Betriebsrates und der IG Metall wird befürchtet, daß die DKP eine eigene Kandidatenliste bekanntgeben würde. Man hat große Angst, daß der gewohnte und ruhige für die Betriebsratsmitglieder erforderliche Wahlkampf durch die, wie sie es nennen, Radikalen gestört werden könnte. Dabei ist diese Angst völlig unbegründet, denn die DKP sagt ganz klar, daß sie die Gewerkschaften als die einheitliche Klassenorganisation der Arbeiterklasse betrachtet und dabei um das Zusammenwirken von sozialdemokratischen, christlichen, parteilosen und kommunistischen Arbeitnehmervertretern bemüht ist."[144]

Die Frage nach dem Charakter und den Ursprüngen der Einheitsgewerkschaft in der Bundesrepublik Deutschland wurde ausführlich und kontrovers auf dem 4. Außerordentlichen Bundeskongreß des DGB vom 12. – 14. März 1981 in Düsseldorf diskutiert. Dem Kongreß lag der Entwurf eines neuen Grundsatzprogramms vor, in dem der Bundesvorstand vorschlug, die Rolle der freiheitlich sozialistischen und der christlich sozialen Richtung für die Entwicklung und Gestaltung des DGB besonders zu betonen. Hiermit wandte er sich gegen eine ausdrückliche Hervorhebung der Kommunisten.[145]

In dieser Diskussion um die Bedeutung der Kommunisten für den DGB hatte Heinz-Oskar Vetter in ungewohnt deutlicher Weise Stellung genommen: „In der Diskussion, die dem Kongreß vorausging, war besonders jener Satz umstritten, der die in der Einheitsgewerkschaft zusammengeführten Richtungen bezeichnet. ... Einige Diskussionsbeiträge zu diesem Satz wie auch einige Anträge laufen darauf hinaus, einen Anteil der Kommunisten am Zustandekommen der Einheitsgewerkschaft – wie auch immer – sichtbar zu machen. Ich sage dazu mit aller Klarheit: Kommunisten bestreiten den Gewerkschaften seit jeher die Autonomie. Sie dulden die Gewerkschaften letztlich nur am Gängelband – neuerdings vielleicht sogar an der langen Leine – der Partei. Genau dies bekämpfen die polnischen Arbeiter."[146]

Hiermit nimmt Vetter in ungewohnter Weise Stellung gegen die Bedeutung der kommunistischen Bewegung für den DGB. Bisher war die DKP vom DGB als eine unter mehreren demokratischen Parteien verstanden worden. In dem neuen Grundsatzprogramm des DGB heißt es: „Die Einheitsgewerkschaft ist aus den Erfahrungen der Arbeitnehmer vor und während der Weimarer Republik und der Verfolgung in der Nazidiktatur entstanden. Sie hat die historischen Traditionen, politischen Richtungen und geistigen Ströme der Arbeiterbewegung, vor allem der freiheitlich sozialistischen und der christlich sozialen Richtungen, in eine gemeinsame Organisation zusammengeführt. Sie erübrigt konkurrierende Gewerkschaften. Die interne Vielfalt der Meinungen verpflichtet auf der Grundlage von Toleranz zu einer eigenständigen und unabhängigen Willensbildung, die die gemeinsamen Interessen aller Arbeitnehmer zum Ausdruck bringt. Weltanschauliche und politische Ideologien, die die Gewerkschaften für ihre Zwecke mißbrauchen wollen, sind mit dem Gedanken der Einheitsgewerkschaft unvereinbar.[147]

Vergleicht man diese Ausführungen mit der Haltung der DKP zur Gewerkschaftsbewegung, wie sie in den Düsseldorfer Thesen zum Ausdruck kommt, so werden erhebliche Diskrepanzen grundsätzlicher Art offensichtlich: „Alle geschichtlichen Erfahrungen des revolutionären Kampfes – auch der Geschichte der deutschen Arbeiterbewegung – besagen, daß die Arbeiterklasse nur dann erfolgreich sein kann, wenn sie ihre Politik auf der Grundlage der Theorie von Marx, Engels und Lenin entwickelt. Nur der wissenschaftliche Sozialismus vermag eine richtige Strategie des Kampfes zur Überwindung des Kapitalismus und zum Aufbau des Sozialismus zu geben."[148]

Zur gezielten Basisarbeit in den Betrieben und Gewerkschaften gründete die DKP sogenannte marxistische Betriebsarbeiterschulen, mit denen sie jedoch unterschiedliche Erfolge erzielte. Seit Herbst 1977 veranstaltete der DKP-Bezirksvorstand Rheinland-Westfalen in Düsseldorf eine solche Abendschule, mit der er auf Bezirksebene gezielt Funktionäre zusammenfaßte. Eine ähnliche Schule bestand seit Mitte der siebziger Jahre bereits in München.[149] Inzwischen wurden derartige Schulen in Frankfurt/M., Mannheim, Heidelberg und Nürnberg gegründet.[150]

Die Bildung derartiger marxistischer Betriebsarbeiterschulen geht auf einen Beschluß des Präsidiums des Parteivorstands der DKP zurück: „Ab 1979 werden in den Bezirksvorständen ‚marxistische Betriebsarbeiterschulen der DKP' unter Verantwortung der Bezirkssekretariate eingerichtet. Sie werden zu einem festen Bestandteil des Schulungssystems unserer Partei. Hauptaufgabe der Betriebsarbeiterschulung ist die Weiterbildung von Genossen, die in Betrieben und Gewerkschaften wichtige Funktionen ausüben oder erlangen sollen. Die Kurse dauern jeweils ein Jahr."[151]

Tabelle II: Gewerkschaftliche und betriebliche Funktionen der DKP-Parteidelegierten von 1969 bis 1981

	1. Parteitag Essen 12./13. 4. 69		2. Parteitag Düsseldorf 25.–28. 11. 71		3. Parteitag Hamburg 2.–4. 11. 73		4. Parteitag Bonn 19.–21. 3. 76		5. Parteitag Mannheim 20.–22.10. 78		6. Parteitag Hannover 29.–31. 5. 81	
	N	in Prozent	N	in Prozent	N	in Prozent	N	in Prozent	N	in Prozent	N	in Prozent
Insgesamt anwesende Delegierte u. Gastdelegierte	994		781		862		767		814		812	
Gewerkschaftsmitglied	847	85,2	680	87,1	759	88,1	702	91,5	755	92,8	768	94,6
Funktion in einer Gewerkschaft	577	58,0	397	50,8	322	37,4	335	43,7	489	60,1	492	60,6
Funktion im Betrieb	157	15,8	101	12,9	207	24,0	189	24,6	192	23,6	194	23,8

Quelle: Deutsche Kommunistische Partei – Parteivostand (Hrsg.), Protokolle der DKP-Parteitage 1969 – 1981.

Aufgrund ihrer Struktur als Abendschulen und ihrer relativ ortsfernen Einrichtungen auf Bezirksebene hatte die Partei trotz allem Engagement zum Teil erhebliche Schwierigkeiten bei der Durchführung der einjährigen Kurse. Immerhin bedeutet diese Form der Schulung einen erheblichen persönlichen Aufwand, der geeignet ist, in ein zwanghaftes Verhalten umzuschlagen: „Von seiten des Seminarleiters erfolgt ständig eine Kontrolle über die Anwesenheit der Teilnehmer. Bei öfterem unentschuldigtem Fernbleiben werden die Kreissekretariate informiert."[152]

Dem Auftrag der DKP an ihre Mitglieder, sich gewerkschaftlich zu organisieren, entspricht die hohe Organisationsquote der Delegierten auf den DKP-Parteitagen. So waren auf dem 1. Parteitag 1969 in Essen bereits 847 von 994 anwesenden Delegierten und Gastdelegierten gewerkschaftlich organisiert (85,2 Prozent). Diesen Anteil steigerte die Deutsche Kommunistische Partei sukzessive über 87,1 Prozent (1971), 88,1 Prozent (1973), 91,5 Prozent (1976), auf 92,8 Prozent (1978). Auf dem DKP-Parteitag 1981 in Hannover waren von 812 anwesenden Delegierten und Gastdelegierten 768 gewerkschaftlich organisiert (94,6 Prozent), (siehe Tabelle II).

Mit einem Einbruch im Jahre 1973 konnte die Deutsche Kommunistische Partei den Anteil jener Delegierten der Bundesparteitage, die eine gewerkschaftliche Funktion ausübten, ebenfalls sukzessive steigern. In Essen waren dies 1969 577 von 994 anwesenden Delegierten und Gastdelegierten (58,0 Prozent). Dieser Anteil sank über 50,8 Prozent (1971) auf 37,4 Prozent (1973). In Hamburg hatten von 852 anwesenden Delegierten und Gastdelegierten 322 eine gewerkschaftliche Funktion inne. Dieser Anteil wurde über 43,7 Prozent (1976), 60,1 Prozent (1978) auf 60,6 Prozent (1981) gesteigert. Angesichts dieser Quoten wirkt der Anteil jener Delegierten, die eine betriebliche Funktion ausüben, beinahe bescheiden. In Essen waren es 1969 157 Delegierte und Gastdelegierte (15,8 Prozent). Ihre Quote fiel 1971 auf 101 von 781 Personen (12,9 Prozent), um sich bei 24,0 Prozent (1973), 24,6 Prozent (1976), 23,6 Prozent (1978) und 23,8 Prozent (1981) einzupendeln. Es mag dahingestellt bleiben, ob der höhere Anteil gewerkschaftlicher Funktionsträger auf DKP-Parteitagen einen strukturellen Grund hat. Denkbar wäre, daß der Durchdringung der gewerkschaftlichen Organisation durch die Partei eine größere Bedeutung beigemessen wird, als dem betrieblichen Bereich wie beispielsweise dem Betriebsrat, der Jugendvertretung oder dem Aufsichtsrat. Im Sinne der organisationsbezogenen taktischen Vorgehensweise orthodoxer Kommunisten erscheint diese Annahme plausibel.

b) SDAJ – Gewerkschaftsjugend

Seit der 10. Bundesjugendkonferenz des Deutschen Gewerkschaftsbundes vom 1. – 3. Dezember 1977 in Frankfurt/M. wird der große Einfluß der Sozialistischen Deutschen Arbeiterjugend (SDAJ), der inoffiziellen Jugendorganisation der DKP, in alarmierender Form deutlich. Diesen Kongreß vermochte die SDAJ weitgehend zu dominieren, war jedoch inzwischen taktisch geschickt genug, ihren Erfolg auf der 11. Bundeskonferenz der Jugend des Deutschen Gewerkschaftsbundes vom 19. – 21. November 1981 in Willingen/Sauerland nicht demonstrativ öffentlichkeitswirksam unter Beweis zu stellen. Immerhin bildet die Unterwanderung der DGB-Jugend durch die SDAJ ein überzeugendes Beispiel für die gezielte Inbesitznahme gesellschaftlicher Organisationen durch einen kommunistischen Verband Leninschen Typus.

Unter den Jugendorganisationen der im Deutschen Bundestag vertretenen Parteien war bis 1974 am ehesten die

Arbeitsgemeinschaft der Jungsozialisten in der SPD Koalitionspartner der DGB-Jugend im politischen Bereich. Aufgrund ihrer innerverbandlichen Querelen ist die Jugendorganisation der SPD jedoch für die Gewerkschaftsjugend weitgehend ausgefallen, wie Äußerungen auf dem Juso-Bundeskongreß vom 10. – 12. Februar 1978 in Hofheim zeigten. Jungsozialisten meinten in Hofheim zu dieser Entwicklung, daß sie tatsächlich kaum noch Zugang zur organisierten Gewerkschaftsjugend fänden, da diese sich gegenüber der SPD-Jugendorganisation weitgehend sperre. Demgegenüber zeigt die Sozialistische Deutsche Arbeiterjugend, in welchem Maße personelle Defizite durch Engagement und Ideologie und durch konsequente Kaderarbeit kompensiert werden können. Wie die DKP seit Jahren in den Einzelgewerkschaften des DGB Fuß zu fassen versucht, hat die Sozialistische Deutsche Arbeiterjugend sich in konsequenter Weise der DGB-Jugend angenommen.

In der Jugend des Deutschen Gewerkschaftsbundes sind ungefähr 1,2 Millionen jugendliche Mitglieder der 17 Einzelgewerkschaften organisiert. Das Höchstalter in der Gewerkschaftsjugend beträgt 25 Jahre. Mit dieser Vorschrift wird die Gewerkschaftsjugend ihrem Anspruch nach Repräsentation von Jugendlichen und nach der Berücksichtigung von Jugendinteressen gerecht. Sie unterscheidet sich von den Altergrenzen aller politischen Jugendorganisationen. Während Jusos, Junge Union und Jungdemokraten einheitlich ein Höchstalter von 35 Jahren vorschreiben, ist die Mitgliedschaft in der SDAJ satzungsgemäß zwar an ein Mindestalter von 14 Jahren[153] gebunden, kennt jedoch keine obere Altersgrenze. Mitglieder der politischen Jugendorganisation müssen somit lange vor Erreichen der Altersgrenze ihrer politischen Organisation bereits die Arbeit in der Gewerkschaftsjugend einstellen. Für die Sozialistische Deutsche Arbeiterjugend ohne eine obere Altersgrenze bedeutet dies, daß die Mehrzahl ihrer nach eigenen Angaben etwa 35 000 Mitglieder älter als 25 Jahre ist.[154] Geht man von diesen formalen Abgrenzungskriterien der unterschiedlichen Altersstrukturen aus, sind 15 000 Jungkommunisten im Begriff, die Meinungs- und Willensbildung von 1,2 Millionen jugendlichen DGB-Mitgliedern nachhaltig zu beeinflussen.

Die in den Diskussionen und Abstimmungen in Frankfurt/M. 1977 zutage getretenen Kräfteverhältnisse veranlaßten das für Jugendfragen zuständige Mitglied des DGB-Bundesvorstands, Karl Schwab, unmittelbar nach der Konferenz einen Bericht an alle für die Gewerkschaftsjugend zuständigen Gewerkschaftsfunktionäre zu verfassen.[155] In diesem Bericht, der durch eine Indiskretion bekanntgeworden war,[156] äußerte er, „es fällt mir nicht leicht, das festzustellen, aber ich glaube, daß es an der Zeit ist, einen größeren Kreis als nur den Bundesvorstand des DGB mit den von mir gesehenen Gefahren vertraut zu machen. Ich bin erschrocken auf dieser Bundesjugendkonferenz über das Maß von Intoleranz, mit der in dieser Jugend – wenn überhaupt – diskutiert wurde. ... Diskussion kann man zu manchen der dabei vorgetragenen Ansichten sicher deshalb nicht sagen, weil sie apodiktisch einen eingenommenen Standpunkt wiedergeben, der keinen Raum ließ für die Anerkennung auf Irrtum beim anderen oder gar bei sich selbst." Und an anderer Stelle: „Kolleginnen und Kollegen, ich habe die Befürchtung, daß ein nicht kleiner Teil der Kolleginnen und Kollegen, der sich für mich bei den einzelnen Abstimmungen dann deutlicher als Gruppe herausstellte, ihre Anregungen, ihre Erkenntnisse und auch ihre Aufträge nicht von Gremien innerhalb der Gewerkschaften, sondern von politischen Gruppierungen außerhalb erhalten. Ich war überrascht von der Offenheit mit der diese politische Gruppierung aufgetreten ist."[157]

Mit dieser Gruppierung meinte Schwab die Sozialistische Deutsche Arbeiterjugend, deren Kongreßbeschlüsse er fast wörtlich abgeschrieben und in Beschlüsse des DGB beziehungsweise seiner Jugend umfunktioniert sah. Der Verlauf der Frankfurter Konferenz zeigte den Versuch, gewerkschaftliche Jugendarbeit als Vorwand für die Ausnutzung der Massenbasis zu nehmen, die der Deutsche Gewerkschaftsbund durch die Organisation von 1,2 Millionen Jugendlichen bietet. Das Eingeständnis Schwabs, daß die DGB-Jugend in der Gefahr stehe, dem Deutschen Gewerkschaftsbund politisch aus dem Ruder zu laufen, führte zu einer lebhaften Diskussion innerhalb der DGB-Einzelgewerkschaften. Die „einheit", das Organ der IG Bergbau und Energie, wußte nach dem Frankfurter Kongreß von einer Bestätigung der Befürchtungen Schwabs durch das DKP-Präsidiumsmitglied Kurt Fritsch zu berichten: „Wir Kommunisten haben einen sehr bedeutenden Einfluß in der Arbeiterjugend."[158]

In einem Gespräch mit der Neuen Ruhr-Zeitung gab der ehemalige DGB-Bundesjugendsekretär Walter Haas zu, daß die DKP-Mitglieder, gemessen an der politischen Stärke ihrer Partei, in der Gewerkschaftsjugend überrepräsentiert seien. Den Einfluß der SDAJ-organisierten Delegierten auf der 10. Bundesjugendkonferenz des DGB in Frankfurt/M. schätzte Walter Haas auf 15 bis 20 Prozent der Delegierten.[159]

Entsprechend dieser Entwicklung haben sich innerhalb der Gewerkschaftsjugend in den letzten Jahren die Fronten zwischen den verschiedenen Strömungen deutlich verhärtet. Ein Streitpunkt ist die vermeintliche oder tatsächliche Überrepräsentation des kommunistischen Einflusses in einigen Einzelgewerkschaften. Zweifellos haben Mitglieder der Sozialistischen Deutschen Arbeiterjugend, vor allem in der IG Metall-Jugend erheblichen Einfluß erreichen können. Weiterhin gibt es eine nicht fest umrissene Gruppierung, die der SDAJ Sympathien entgegenbringt, parteipolitisch aber nicht gebunden ist oder sich aus taktischen Gründen in der SPD organisiert hat. Daneben gibt es sozialdemokratisch organisierte jugendliche Gewerkschafter, die noch keinen Anlaß für eine schärfere Reaktion auf den kommunistischen Einfluß sehen.[160]

Gegen diese Gruppierungen steht eine Koalition aus Sozialdemokraten, Christdemokraten, Trotzkisten und undogmatischen Linken, die das Wohlwollen eines großen Teils der Gewerkschaftsführung haben.

Nach den geschilderten Auseinandersetzungen auf der Gewerkschaftsjugendkonferenz 1977 in Frankfurt/M. hatten viele mit scharfen Kontroversen auf der 11. Bundesjugendkonferenz 1981 in Willingen gerechnet. Eine solche Klärung der Fronten blieb jedoch aus.

„Das kann jedoch nicht darüber hinwegtäuschen, daß es auch taktische Motive gab, die Auseinandersetzungen auf der Konferenz gering zu halten. Die Kader der SDAJ und ihre Sympathisanten vermieden sie. Sie wußten: jeder offen ausgetragene Konflikt mußte zu ihren Lasten gehen. Sie wollten sich nicht die Schuld an der Verschärfung des Konferenzklimas und an einer Störung der Zusammenarbeit zwischen den Einzelgewerkschaften zuziehen. Es gelang den Delegierten von IG Chemie, IG Bergbau und Energie und IG Bau Steine Erden nicht, ihre innergewerkschaftlichen Gegner aus der IG Metall, der HBV und der Postgewerkschaft auf offenem Kampfplatz zu stellen."[161]

Der IG Metall-Vorsitzende Eugen Loderer hatte unmittelbar vor der 11. Bundesjugendkonferenz in Willingen in einer Rede die IG Metall-Jugend aufgefordert, konsequent jene „Einflußversuche" zurückzuweisen, „die unter dem

Deckmantel der Einheitsgewerkschaft und unter dem Motto der Aktionseinheit fortwährend gestartet werden. Dies gelte besonders gegenüber der Deutschen Kommunistischen Partei, die sich selbst ganz bewußt in die Tradition der KPD stelle. Diese Partei habe die Gewerkschaften bereits in der Weimarer Zeit bis aufs Messer bekämpft und nach dem Zweiten Weltkrieg allen einheitsgewerkschaftlichen Beteuerungen zum Trotz wiederum eine gewerkschaftsfeindliche Energie entwickelt, ‚der wir uns mit allen gebotenen Mitteln erwehren'. Die DKP wolle ein Gesellschaftssystem, das die IG Metall und der DGB prinzipiell ablehnen. Die IG Metall und ihre Jugend müßten diese Tatbestände immer wieder bei ihrer Arbeit berücksichtigen."[162]

Hiermit widersprach Eugen Loderer den Beschlüssen der IG Metall-Jugend, die auf ihrer 12. Jugendkonferenz im April 1980 in Travemünde zur gewerkschaftlichen Jugendarbeit einstimmig festgestellt hatte: „Die Behauptung, die Gewerkschaftsjugend sei kommunistisch unterwandert, ist gegenstandslos. Sie kennzeichnet allerdings ihre Verursacher als diejenigen, die die Einheitsgewerkschaft gefährden."[163]

Wie gegenstandslos die Behauptung von einer DKP-Unterwanderung im Bereich der Gewerkschaftsjugend ist, wurde in der Geschäftsberichtsdebatte in Willingen deutlich. Der Bundesjugendsekretär der IG Chemie Papier Keramik, Reinhard Reibsch, berichtete über ein Angebot des SDAJ-Vorsitzenden Werner Stürmann, das dieser vor der Konferenz dem DGB-Jugendsekretär Hanns Brauser gemacht habe: Die SDAJ garantiere einen ruhigen Konferenzverlauf, Hanns Brauser solle dafür sorgen, „daß die Scharfmacher von wenigen Gewerkschaften" auf der Konferenz „keinen Zirkus machen". Mit den „wenigen Gewerkschaften" meinte Stürmann konkret die IG Bergbau und Energie und die IG Chemie. Die Darstellung von Reinhard Reibsch wurde von Hanns Brauser bestätigt. Stürmanns Angebot wurde in der Konferenz weder von den Delegierten noch von den Gästen als übertrieben empfunden. Hanns Brauser wies dieses „Bündnis" als „unzulässige Einmischung" zurück.

Die SDAJ wollte in Willingen fast um jeden Preis eine Debatte über ihre Politik in der Gewerkschaftsjugend vermeiden. Deshalb war sie gegen jede kontroverse inhaltliche Diskussion, die die Gefahr beinhaltet hätte, daß über die kommunistische Politik, vor allem im Zusammenhang mit der Friedensbewegung gesprochen werden würde.[164]

Entsprechend der Situation in der Mutterpartei erscheint die DGB-Affinität der SDAJ. Die nach eigenen Angaben zur Zeit etwa 35000 Mitglieder haben satzungsgemäß den Auftrag, einer Gewerkschaft beizutreten.[165] Von den 766 Delegierten und Gastdelegierten des 5. Bundeskongresses der SDAJ am 4./5. Dezember 1976 in Frankfurt/M. entsprachen 599 Delegierte (78,2 Prozent) diesem Auftrag.[166] Auf dem 6. Bundeskongreß der SDAJ vom 5./6. Mai 1979 in Hamburg betrug der Anteil der gewerkschaftlich organisierten Delgierten 74,5 Prozent. Von den 726 anwesenden Delegierten und Gastdelegierten waren 541 Personen gewerkschaftlich organisiert.[167] Auf dem 7. Bundeskongreß vom 6./7. März 1982 in Düsseldorf stellten sie mit 563 von 768 anwesenden Delegierten und Gastdelegierten 73 Prozent.[168]

Betriebliche und gewerkschaftliche Funktionsträger machten in Frankfurt/M. 1976 mit 252 Delegierten 32,9 Prozent aus;[169] in Hamburg stellte diese Gruppe mit 299 Delegierten 41,2 Prozent, während sie in Düsseldorf 1982 mit 285 Delegierten 37 Prozent des Plenums ausmachten.

Es mag überraschen, daß die Mandatsprüfungsberichte an die verschiedenen Bundeskongresse beinahe gleichlautend sind. Die Zahlenangaben variieren ein wenig, während die Texte der verschiedenen Berichterstatter kaum Veränderungen aufweisen. So wird beispielsweise der Funktionärsanteil stets damit begründet, daß diese „aufgrund ihres aktiven und konsequenten Einsatzes für die Rechte der Arbeiterjugend im Betrieb und außerhalb des Betriebes"... „ von ihren Kolleginnen und Kollegen in betriebliche und gewerkschaftliche Funktionen gewählt" wurden.[170] Diese sprachlichen Stereotypen entsprechen der Starre kommunistischer Erklärungsmuster und Verhaltensweisen und müssen daher kaum verändert werden.

4. Eurokommunismus

Mit der Diskussion der eurokommunistischen Bewegung wird das Feld der bündnispolitischen Bemühungen der DKP verlassen. Der Eurokommunismus bildet eher ein Gegenbeispiel für ihre Bündnispolitik, da die DKP aufgrund ihrer Abhängigkeit von SED und KPdSU diese Spielart kommunistischer Bündnispolitik stets ignoriert hat. Da der Eurokommunismus jedoch eine Variante kommunistischer Camouflage darstellt, die wahrscheinlich aus Gründen der sowjetischen Machtarrondierung in der Bundesrepublik Deutschland nicht zum Zuge kam ist er dennoch ein anschauliches Beispiel konkreter Ausprägung kommunistischer Bündnispolitik. Geistigen Einfluß auf das politische Leben der Bundesrepublik Deutschland fand die eurokommunistische Bewegung auf dem Umweg über die romanischen sozialdemokratischen und sozialistischen Parteien, die sie in hohem Maße ansprach. Diese Parteien wiederum sind in der Sozialistischen Internationale oder in dem Bund der sozialdemokratischen und sozialistischen Parteien der Europäischen Gemeinschaft organisiert. Auch die deutsche Sozialdemokratie war zeitweise fasziniert vom eurokommunistischen Gedanken.

Der Begriff des Eurokommunismus soll zuerst von dem italienischen Journalisten kroatischer Herkunft, Frane Barbieri, verwendet worden sein.[171]

Wolfgang Leonhard sieht in dem Begriff des Eurokommunismus noch eine nationalkommunistische und eine reformkommunistische Variante. Während der Nationalkommunismus eher die Unabhängigkeit kommunistischer Parteien von dem Moskauer Zentrum zu betonen sucht, steht für den Reformkommunismus der friedliche Weg zu einer freiheitlichen sozialistischen Gesellschaftsordnung im Vordergrund.[172] Da der Reformkommunismus westlicher kommunistischer Parteien bereits ohne Betonung der nationalen Komponente notwendigerweise eine größere Unabhängigkeit von Moskau impliziert, ist Wolfgang Leonhard insofern zu widersprechen, als die nationalkommunistische Variante im Eurokommunismus zu vernachlässigen ist und eher auf sozialistische Staaten Anwendung findet, die sich nach der Machterlangung der Kommunistischen Partei von Moskau losgesagt haben, wie beispielsweise die Volksrepublik China oder Jugoslawien.

Im November 1975 stellten die italienische und die französische kommunistische Partei ihr Konzept eines „zutiefst demokratischen Sozialismus" vor. Danach sollten Meinungsfreiheit, Publikationsfreiheit, Kundgebungs-, Versammlungs-, Koalitions- und allgemeine Bewegungsfreiheit über die Grenzen des Landes, Religionsfreiheit, Streikrecht, Autonomie der Gewerkschaften sowie ein Mehrparteiensystem garantiert sein. Dieses Konzept erschien westlichen Beobachtern wie orthodoxen Kommunisten derart überraschend, daß sie versucht waren, der italienischen und der französischen kommunistischen Partei einen alternativen Weg zu unterstellen.

Santiago Carillo, Generalsekretär der Kommunistischen Partei Spaniens, Enrico Berlinguer, Generalsekretär der italienischen kommunistischen Partei und Georges Marchais, Generalsekretär der französischen kommunistischen Partei, gaben Anfang März 1977 eine gemeinsame Erklärung heraus, in der es hieß: „Die Krise des kapitalistischen Systems fordert mit größerer Stärke dazu auf, die Demokratie zu entwickeln und zum Sozialismus voranzuschreiten.

Die spanischen, italienischen und französischen Kommunisten wollen für den Aufbau einer neuen Gesellschaft im Pluralismus der politischen und gesellschaftlichen Kräfte, in der Wahrung, Gewährleistung und Entwicklung aller individuellen und kollektiven Freiheiten wirken: der Freiheit des Denkens und des Ausdrucks der Presse, Vereinigung und Versammlung, Demonstration, des freien Flusses der Personen im Inland und Ausland, der gewerkschaftlichen Freiheit, der Autonomie der Gewerkschaften und des Streikrechts, der Unverletztlichkeit des Privatlebens, der Respektierung des allgemeinen Wahlrechts und der Möglichkeit des demokratischen Wechsels der Mehrheiten, der religiösen Freiheiten der Kultur und der Freiheit für die unterschiedlichen philosophischen, kulturellen und künstlerischen Strömungen und Meinungen. Dieser Wille, den Sozialismus in Demokratie und Freiheit zu errichten, prägt die von einer jeden der drei Parteien in voller Autonomie ausgearbeiteten Konzeption. Die drei Parteien beabsichtigten, auch in Zukunft die internationale Solidarität und die Freundschaft auf der Grundlage der Unabhängigkeit einer jeden Partei, der Gleichberechtigung, der Nichteinmischung und Respektierung der freien Wahl der originären Wege und Lösungen für den Ausbau sozialistischer Gesellschaften entsprechend den Bedingungen eines jeden Landes zu entwickeln."[173]

Mit dieser Erklärung vertraten die eurokommunistischen Parteien in einigen Fragen der kommunistischen Doktrin und Strategie von den kommunistischen Parteien des Ostblocks, vor allem der KPdSU, abweichende Meinungen. Hierzu zählen die italienische, die französische und die spanische kommunistische Partei. Die portugiesischen Kommunisten, die früher ebenfalls als eurokommunistisch bezeichnet wurden, gelten heute wieder als orthodox kommunistische Bewegung. Weder die DKP noch andere marxistische oder maoistische Gruppierungen in der Bundesrepublik Deutschland vertretenen Vorstellungen, die als eurokommunistisch gelten. Noch weniger gilt dies für die ostdeutsche Sozialistische Einheitspartei Deutschlands, die eurokommunistische als „oppositionelle Parteien" bezeichnet.

Zur Beurteilung der eurokommunistischen Bewegung stehen zwei Fragen im Vordergrund:

- Stellen die Eurokommunisten marxistische Grundpositionen in Frage, die in der Lage wären, das moskauorientierte kommunistische Lager ideologisch zu spalten?

- Bildet die eurokommunistische Bewegung lediglich eine taktische Variante kommunistischer Bündnispolitik, die sie problemloser und damit „bündnisfähiger" erscheinen lassen soll?

Von den orthodoxen moskauorientierten kommunistischen Parteien, sowohl des Ostblocks als auch der westlichen Industrienationen, unterscheiden sich die eurokommunistischen Bewegungen vor allem dadurch, daß sie

- einen eigenen, von Moskau formal unabhängigen Weg zum Sozialismus und Kommunismus anzustreben vorgeben;
- eine Form des „demokratischen Kommunismus" verwirklichen wollen, der die „bürgerlichen Freiheiten" westlicher Demokratien akzeptiert;
- auf die kommunistische Forderung von der „Diktatur des Proletariats" verzichten wollen.

Einen weiteren Grund der Auseinandersetzungen unter kommunistischen Parteien bildet die Frage, ob Moskau als Weltzentrum des Kommunismus zu gelten habe, und ob die kommunistischen Parteien in aller Welt den machtpolitischen Anspruch und vor allem den ideologischen Führungsanspruch Moskaus zu respektieren hätten. Die Sowjetunion ist dabei bestrebt, die kommunistischen Parteien möglichst gleichzuschalten, ihnen als Leitlinie den „proletarischen Internationalismus" vorzugeben und sie zur Unterstützung des in der Sowjetunion praktizierten „realen Sozialismus" zu verpflichten. Wiederholt gab es Versuche einzelner Parteien, ihren eigenen Weg zum Sozialismus zu gehen. Jugoslawien, Rumänien oder die ideologischen Differenzen mit der Volksrepublik China sind hierfür Beispiele. Im Unterschied zu den eurokommunistischen Bewegungen spielten sich die Fälle „abweichenden Verhaltens" jedoch nach der Machtergreifung durch die jeweilige kommunistische Partei ab und bilden eher Probleme außenpolitischer Unabhängigkeit der jeweiligen Länder von der UdSSR. In ähnlicher Weise wie die erwähnten kommunistischen Länder argumentieren die Eurokommunisten mit den spezifischen Bedingungen wirtschaftlicher, außenpolitischer, sozialer oder historischer Natur ihrer Länder. Diese unterschieden sich von der Situation der Staaten des „realen Sozialismus" zum Teil erheblich. Hieraus leiten sie die Forderung nach einem eigenen Weg zum Kommunismus ab.

Demgegenüber enthält das Schlußdokument des Gipfeltreffens der kommunistischen Parteien in Ostberlin im Juni 1976, an dem die Führer der kommunistischen Parteien aus 29 europäischen Ländern teilnahmen, als wichtigste Ziele aller kommunistischen Parteien unverändert den „Kampf gegen die Herrschaft der Monopole", die „sozialistische Umgestaltung der Gesellschaft", die „Ablösung der kapitalistischen Gesellschaft durch die sozialistische Gesellschaft.[174]

Nach unbestrittener orthodox-kommunistischer Lehrmeinung sind die sozialistische Gesellschaft und schließlich der Kommunismus nur zu erreichen über die Zwischenstufe der Diktatur des Proletariats. Voraussetzung hierfür ist der erfolgreich geführte Klassenkampf: „Der Sturz der Bourgeoisie ist nur zu verwirklichen durch die Erhebung des Proletariats zur herrschenden Klasse."[175]

„Wodurch wird nun die Stufe der Diktatur des Proletariats auf dem Wege zum Kommunismus ersetzt? Die Frage muß gestellt werden, da die Eurokommunisten ja nach wie vor am historischen Materialismus und seinem Determinismus festhalten. Eine präzise Antwort zu geben ist unmöglich, da die Eurokommunisten kaum etwas Detailliertes über jene Phase des Weges zum Sozialismus sagen, die im Marxismus-Leninismus mit der Diktatur des Proletariats gemeint ist. Alle Anstrengungen gelten dem Nahziel, das durch die erste Phase der Regierungsbeteiligung erreicht werden soll."[176]

Auf diese Zwischenstufe der Diktatur des Proletariats wollen Eurokommunisten offensichtlich stillschweigend verzichten, da sie sie als unrealistisch erkannt haben wollen. Dabei erklären sie nicht, wie sie diese Lücke im marxistisch verstandenen gesetzmäßigen Ablauf der Gesellschaftsformen ausgefüllt sehen wollen. Zwar bildet der Anspruch auf die Diktatur des Proletariats als Zwischenschritt zur kommunistischen Gesellschaft einen wesentlichen Stein im Gefüge kommunistischer Argumentation, doch erscheinen sämtliche westliche Industriegesellschaften von diesem angestrebten Zustand noch so weit entfernt, daß die Aufgabe dieser Forderung durch eurokommunistische Parteien realpolitisch ohne Bedeutung ist. Man mag vielmehr vermuten, daß der Verzicht auf diesen fiktiven Zustand eher dazu dienen soll, eurokommunistische Parteien bündnisfähiger zu machen.

Während die Italienische Kommunistische Partei diesen Weg offensichtlich aufgrund des desolaten Zustandes der übrigen italienischen Parteien mit der Hoffnung auf den „historischen Kompromiß", der möglichen Koalition von Christlichen Demokraten und Kommunisten, bisher konsequent fortschritt und es auf Spannungen mit Moskau ankommen ließ, schwenkten die französischen Kommunisten in der Zwischenzeit wieder auf einen mehr moskauorientierten Weg ein. So rechtfertigte der französische Generalsekretär Georges Marchais im Moskauer Fernsehen die sowjetische Invasion in Afghanistan und erkannte damit indirekt die Führungsrolle der KPdSU an.

Die eurokommunistische Bewegung erscheint damit nach einigen Jahren als eine taktische Variante kommunistischer Bündnispolitik. Kommunistische Dogmen wurden nur dort aufgegeben, wo ihre Realisierung, wie beispielsweise die „Diktatur der Proletariats" in ferner Zukunft liegt; gegenwartsrelevante Merkmale des Kommunismus, wie das Strukturprinzip des „demokratischen Zentralismus" blieben demgegenüber erhalten.

Schließlich gehören die Forderungen des gemeinsamen Konzepts des Jahres 1975 in den westlichen Demokratien zu den selbstverständlichen Freiheitsrechten. Kommunistische Parteien, die sich der Konkurrenz allgemeiner Wahlen in westlichen Industrienationen stellen, können sich daher langfristig der Propagierung solcher Ziele nicht entziehen.

Die von den französischen und italienischen Kommunisten geforderten Rechte und Freiheiten stehen formal nicht im Widerspruch zu den Verfassungen der Länder des „realen Sozialismus". Wesentlich ist hierbei jedoch nicht der Verfassungstext, sondern die Verfassungswirklichkeit. So lassen die Verfassungen der sozialistischen Staaten neben den kommunistischen Parteien auch andere Parteien zu. In der Volkskammer der DDR sind beispielsweise mehr Parteien (neben der SED vier weitere) vertreten als im Deutschen Bundestag; das amerikanische politische Leben stützt sich auf ein Zweiparteiensystem. Westliche Demokratien gründen jedoch aufgrund allgemeiner Wahlen auf der realen Chance regelmäßigen Machtwechsels, während dies in den sozialistischen Staaten aufgrund des Wahlsystems ausgeschlossen ist. Hiermit würde die Führungsrolle der Kommunistischen Partei, die zu den unumstößlichen Grundsätzen kommunistischer Ideologie gehört, in Frage gestellt.

Die von den eurokommunistischen Parteien geforderten Grundrechte sind ausdrücklicher Bestandteil der Verfassungen der meisten sozialistischen Länder. Die Verfassung der DDR vom 7. Oktober 1974 gewährleistet beispielsweise ausdrücklich das Recht, „gemäß den Grundsätzen dieser Verfassung seine Meinung frei und öffentlich zu äußern",[177] sich im Rahmen der Grundsätze und Ziele der Verfassung friedlich zu versammeln",[178] das Recht auf Vereinigung, um durch gemeinsames Handeln in politischen Parteien, gesellschaftlichen Organisationen, Vereinigungen und Kollektiven ihre Interessen in Übereinstimmung mit den Grundsätzen und Zielen der Verfassung zu verwirklichen"[179] und „im Rahmen der Gesetze das Recht auf Freizügigkeit innerhalb des Staatsgebietes der Deutschen Demokratischen Republik".[180] „Die Gewerkschaften sind unabhängig";[181] der Streik wird von der Verfassung nicht ausdrücklich verboten; die Verfassung von 1949 garantierte noch ein uneingeschränktes Streikrecht. Den Sinn der Verfassung, wie er einschränkend zugrundegelegt wird, drückt Art. 1 aus: „Die Deutsche Demokratische Republik ist ein sozialistischer Staat der Arbeiter und Bauern. Sie ist die politische Organisation der Werktätigen in Stadt und Land unter Führung der Arbeiterklasse und ihrer marxistisch leninistischen Partei." Damit ist die orthodox-kommunistische, auf leninistischen Organisationsprinzipien beruhende Parteidoktrin integraler Bestandteil der Verfassung.

Es stellt sich die Frage, ob der Eurokommunismus eine tatsächliche Wandlung des westlichen Kommunismus darstellt oder ob er nur eine taktisch begründete Veränderung ist, die seine Bündnisfähigkeit vergrößern sollte; ob Eurokommunisten bereit waren, „ihre Natur zu ändern und die Spielregeln des pluralistisch freiheitlichen Systems nicht nur vorübergehend, sondern definitiv zu achten.[182]

Die Führungspersönlichkeiten der eurokommunistischen Parteien haben nie Zweifel daran gelassen, daß sie auf der Grundlage der Ideen von Marx, Engels und Lenin stehen, und daß sie an die Ablösung der kapitalistischen Gesellschaft durch die sozialistische Gesellschaft glauben. Sie propagieren weiterhin den Klassenkampf und sind überzeugt, daß ein „Europa des Friedens nur das Ergebnis vielfältiger Anstrengungen, das Ergebnis der Annäherung, Verständigung und Zusammenarbeit breitester politischer und gesellschaftlicher Kräfte sein kann. Sie erachten den Dialog und die Zusammenarbeit zwischen den Kommunisten und allen anderen demokratischen und friedliebenden Kräften für notwendig."[183]

Damit wird die eurokommunistische Bewegung zu einer Variante des alten Volksfrontkonzepts reduziert. Grundlage ist die Überzeugung, daß Zusammenarbeit nicht Anerkennung marktwirtschaftlich orientierter Wirtschaftsordnungen bedeuten dürfe, sondern konsequent der Stärkung der kommunistischen Partei dienen müsse.

Für die Bundesrepublik Deutschland hat der Eurokommunismus Bedeutung nicht über die DKP, die diese Bewegung ignoriert, sondern über Strömungen in der deutschen Sozialdemokratie, die hierin eine tatsächliche und attraktive Veränderung des Kommunismus sehen. So war es für den SPD-Vorsitzenden Willy Brandt noch nicht abzuschätzen, wo es sich „um Taktik im Interesse der Macht handelt und wo um Entwicklung aus Einsicht".[184]

Die SPD unterscheidet in ihrem Programm für die erste europäische Direktwahl 1979 zwischen politischen „Gegnern" und dem „Hauptgegner": „Im Streit um die Mehrheit im Europäischen Parlament sind die konservativen Parteien Hauptgegner für die Sozialdemokraten."[185] Und an anderer Stelle heißt es beinahe beschwichtigend: „Der Anpassungsprozeß der kommunistischen Parteien an die veränderten Bedingungen der europäischen Gesellschaft muß ernsthaft und differenziert betrachtet werden ... für uns bleiben sie politische Gegner."[186]

In einer Verharmlosung der eurokommunistischen Parteien scheint eine Gefahr für die deutsche Sozialdemokratie zu liegen. Sie ist deshalb nicht von Bedeutung, weil die DKP aufgrund ihrer Anbindung an die Sozialistische Einheitspartei Deutschlands der DDR eurokommunistische Wandlungen ablehnen muß und damit gleichzeitig ihre

Chancen, zumindest vordergründig demokratisch zu wirken, verspielt. Daher bleibt sie als ein möglicher Koalitionspartner der Sozialdemokratie in der Bundesrepublik irrelevant.

Zwar sieht Wolfgang Leonhard taktische Gesichtspunkte in der eurokommunistischen Bewegung, doch kommt er insgesamt zu einer positiven Betrachtung dieser Veränderungen. „Gewiß spielten in diesem Umgestaltungsprozeß auch taktische Gesichtspunkte eine Rolle.... Dieser taktische Aspekt ist sicher nicht zu leugnen, aber es wäre ein Fehlurteil, zumindest eine grobe Vereinfachung, den gesamten Emanzipationsprozeß ausschließlich als taktisches Manöver zu werten. Selbst wenn, vor allem anfangs, taktische Aspekte eine Rolle gespielt haben, so hat die Entwicklung von ein bis zwei Jahrzehnten längst inzwischen ein Eigengewicht erhalten, eine eigene Dynamik, die als ernstzunehmender Wandlungsprozeß zu klassifizieren ist."[187] Und an anderer Stelle: „Obwohl der Emanzipationsprozeß der Eurokommunisten zweifellos noch nicht beendet ist, scheint mir heute bereits festzustehen, daß es sich bei den Eurokommunisten um qualitativ andere Kommunisten als diejenigen der sowjetischen Prägung handelt."[188]

Angesichts eines derart unterstellten Wandlungsprozesses ist zu fragen, wo in diesem geläuterten Kommunismus noch Unterschiede zu linkssozialistischen Parteien liegen; und warum die Eurokommunisten trotz der Belastungen durch die Leninschen konspirativen Organisationsstrukturen und die stalinistischen terroristischen Vorkommnisse sich immer noch zur kommunistischen Weltbewegung gehörend fühlen?

Auf der Berliner Konferenz der kommunistischen und Arbeiterparteien Europas 1976 in Ostberlin konnten die eurokommunistischen Parteien einige Formulierungen durchsetzen, die ihre Unabhängigkeit zum Ausdruck bringen sollten: „In diesem Sinne werden sie ihre internationalistische, kameradschaftliche, freiwillige Zusammenarbeit und Solidarität auf der Grundlage der großen Ideen von Marx, Engels und Lenin entwickeln, bei strenger Wahrung der Gleichberechtigung und souveränen Unabhängigkeit jeder Partei, der Nichteinmischung in die inneren Angelegenheiten, der Achtung der freien Wahl verschiedener Wege im Kampf um fortschrittliche gesellschaftliche Umgestaltungen und für den Sozialismus. Der Kampf für den Sozialismus im eigenen Lande und die Verantwortung jeder Partei gegenüber der eigenen Arbeiterklasse und dem eigenen Volk sind verbunden mit der gegenseitigen Solidarität der Werktätigen aller Länder, aller fortschrittlichen Bewegungen und Völker im Kampf für Freiheit und die Festigung der Unabhängigkeit, für Demokratie, Sozialismus und den Weltfrieden."[189] Inzwischen haben sich die eurokommunistischen Parteien jedoch in unterschiedlichem Maße wieder dem Moskauer Hegemonieanspruch unterworfen, womit die Problematik abweichenden Verhaltens in der kommunistischen Weltbewegung obsolet geworden ist.

Die proklamierte Aufgabe orthodox-kommunistischer Dogmen durch die eurokommunistischen Parteien – die in westlichen Industriegesellschaften einem langfristigen Wandel unterworfen sein mögen – ließe eine kommunistische Partei sui generis neben sozialistischen Parteien überflüssig erscheinen. Insofern wirken Leonhards Schlußfolgerungen zu euphorisch und sein Vergleich eher von den persönlichen Erfahrungen mit dem Terror Stalins geprägt. So facettenreich sich Kommunismus darstellen kann, verfolgen Leninsche Parteien in jeder Variation das gleiche Endziel und ein zeitweiser Verzicht auf die Artikulation bestimmter Forderungen muß keinen Wandel der strategischen Zielsetzung bedeuten.

5. Der Krefelder Appell

Der Krefelder Appell ist „die taktische Meisterleistung der DKP seit ihrem Bestehen."[190] Dieser Einschätzung des sogenannten Krefelder Appells durch die „einheit", die Zeitschrift der IG Bergbau und Energie, ist rückhaltlos zuzustimmen. Die Partei vermochte es, eine Bewegung zu initiieren, die breite Bevölkerungskreise erreichte. Dieser Erfolg ist zu einem erheblichen Teil darauf zurückzuführen, daß die DKP die eigene Organisation weitgehend aus der öffentlichen Diskussion heraushalten konnte. Auf diese Weise konnte sie die inhaltlichen Forderungen der sogenannten Friedensbewegung transportieren, ohne bei potentiellen Bündnispartnern antikommunistische Vorbehalte sowie die Erkenntnis zu wecken, daß mit der angestrebten Kampagne ihre gesinnungsethischen Motive instrumentalisiert würden.

Der Ursprung der Abrüstungskampagne soll in der Rede des Generalsekretärs der KPdSU, Breshnew, anläßlich des 30. Jahrestages der Deutschen Demokratischen Republik in Ostberlin am 6. Oktober 1979 gelegen haben. Breshnew trat damals für Verhandlungen über nukleare Waffen mittlerer Reichweite ein. Weiterhin bekundete er die Bereitschaft der Sowjetunion, die Zahl der in den westlichen Gebieten der UdSSR stationierten nuklearen Waffen mittlerer Reichweite zu reduzieren, falls in Westeuropa keine zusätzlichen neuen amerikanischen Raketen mittlerer Reichweite stationiert würden. Schließlich gab er einen Hinweis auf die angestrebte Kampagne des Weltfriedensrates gegen eine bevorstehende Nachrüstung der NATO. Anlaß für die geplante Nachrüstung war das oben dargestellte Ungleichgewicht eurostrategischer Waffen, mit dessen Entwicklung die Sowjetunion das Sicherheitsbedürfnis der NATO-Staaten provoziert hatte.

Vom 23. bis 27. Dezember 1980 fand in Sofia das „Weltparlament für Frieden", eine Veranstaltung des „Weltfriedensrats", statt. In einem Schlußdokument heißt es: „Die Völker haben die Macht, den Frieden zu wahren, er ist ihr Grundrecht! Jetzt muß gehandelt werden! Gebieten wir jenen Einhalt, die unsere Welt näher an den atomaren Abgrund bringen! Lassen wir alles Fremde beiseite! Schließen wir uns zusammen, um die Gefahr eines Atomkriegs ein für allemal zu beseitigen! Lauter denn je soll unsere Stimme ertönen!"[191]

Hiermit war das Startsignal für eine internationale Abrüstungskampagne gegeben, die in der Bundesrepublik Deutschland im „Krefelder Appell" ihren Niederschlag finden sollte.

Zuständig für die Koordination internationaler Kampagnen im Zentralkomitee der KPdSU ist Boris Nikolajewitsch Ponomarjow, Kandidat des Politbüros und Sekretär des Zentralkomitees der KPdSU, Leiter der Abteilung für internationale Beziehungen. Die internationale Kampagne zur Beeinflussung der öffentlichen Meinung gegen den NATO-Ratsbeschluß vom 12. Dezember 1979 zur Verhandlung der Nachrüstung bezüglich eurostrategischer Waffen war seine Aufgabe. Ponomarjow hatte Verbindungen zur DKP wie zum Weltfriedensrat, dem die Deutsche Friedensunion und das Komitee für Frieden, Abrüstung und Zusammenarbeit angehören. In diesem Zusammenhang ist auch die Zusammensetzung der Delegation der Kommunistischen Partei der Sowjetunion auf dem Hannoveraner Parteitag der DKP 1981 zu sehen: Ihr gehörten Ponomarjow als Leiter und Pawel Arkemowitsch Leonow, Mitglied des Zentralkomitees, Erster Sekretär der Gebietsleitung Kalinin der KPdSU, Abgeordneter des Obersten Sowjets, als Mitglieder an. Im einzelnen führte Ponomarjow aus: „Deshalb treffen wir Maßnahmen, um unsere Verteidigung auf dem erforderlichen Stand zu halten. Aber das sind wirklich Verteidigungsmaßnahmen. Im Westen, speziell in der Bundesrepublik, kann man hören, daß die Sowjetunion angeblich ‚übermäßig aufrüstet', sie habe die entstandene Parität aus dem Gleichgewicht gebracht. All das stimmt nicht. ...

Es gilt, klar zu begreifen: Die Stationierung neuer amerikanischer Raketen ist ein Weg zur Entstabilisierung der internationalen Lage. Die Sowjetunion dagegen setzt sich beharrlich für eine Entspannung ein. Nach wie vor schlägt sie vor, Verhandlungen durchzuführen, bevor diese Raketen auf europäischem Boden auftauchen."[192]

In der Inszenierung des sogenannten Krefelder Appells erhielten beinahe alle oben erwähnten Organisationen ihre Rolle zugewiesen (vgl. Abbildung Seite 134). Die Neben- und beeinflußten Organisationen wurden entsprechend ihrer unterschiedlichen formalen Distanz zur DKP zu dieser Camouflage eingesetzt, um ein maximales Potential gutgläubiger Multiplikatoren zu erreichen. Versteht man die Demonstration vom 10. Oktober 1981 in Bonn, an der sich circa 300 000 Bürger beteiligten, als Maßstab, so war die durch den „Krefelder Appell" ausgelöste Bewegung ein großer Erfolg.

Im Unterschied zur Ostermarschbewegung, die heute an die traditionellen Ostermärsche der sechziger Jahre und damit an eine organisatorisch installierte und beinahe ritualisierte Bewegung anzuknüpfen sucht, bildet der Krefelder Appell eine unmittelbare Reaktion auf den NATO-Ratsbeschluß. Diese Reaktion fand ihren ersten Niederschlag in der Einladung zu einem Forum am 15./16. November 1980 im Seidenweberhaus in Krefeld, die von Martin Niemöller, Professor Ridder, Gösta von Uexküll, Josef Weber sowie dem Bundesvorsitzenden der Deutschen

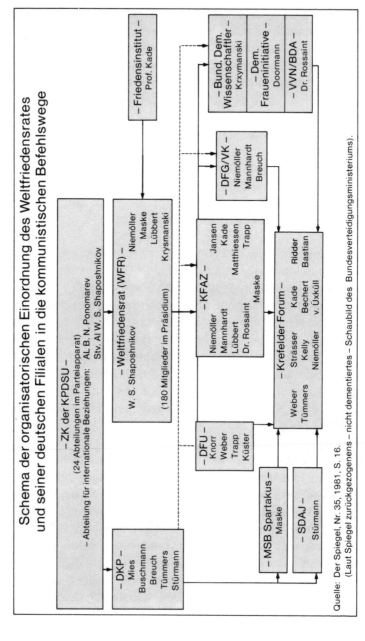

Jungdemokraten Christoph Strässer, initiiert wurde. Weiterhin gehörten zu den Initiatoren des Krefelder Forums Generalmajor a.D. Bastian, Professor Bechert und die Bundesvorsitzende der Grünen, Petra Kelly. Der Aufruf zum Krefelder Forum wurde im weiteren von knapp 100 sogenannten Erstunterzeichnern, publikumswirksamen Gesinnungsethikern des öffentlichen Lebens, von Professor Wolfgang Abendroth bis Louis-Ferdinand von Zobeltitz, Pfarrer, gestützt.[193] DKP-Mitglieder fehlten in dieser Liste der Erstunterzeichner weitgehend.

Die organisatorische Vorbereitung des Krefelder Forums lag bei der Deutschen Friedensunion. Sie hatte den Saal angemietet und, folgt man Günther Wagenlehner,[194] auf ihrer Bundesvorstandssitzung am 13. 9. 1980 den Text des „Aufrufs zum Gespräch" verabschiedet. Die 100 Erstunterzeichner sollen demnach erst in einem zweiten Arbeitsgang angeworben worden sein.

- Am 4. Dezember 1979 führten die Präsidenten von DKP und DFU gemeinsame Gespräche;
- vom 29. Januar bis 4. Februar 1980 fanden Gespräche zwischen dem Direktorium der DFU und den zuständigen Stellen in Moskau statt;
- Mitte Mai 1980 konferierte das Direktorium der DFU mit dem DDR-Friedensrat in Ostberlin;
- am 20. Mai 1980 schließlich führten die Präsidien von DKP und DFU abschließende Gespräche.[195]

Das Krefelder Forum, an dem ungefähr 1000 Personen teilnahmen, wurde am 15./16. November 1980 durchgeführt. Es bestand aus zwei Plenumsdiskussionen sowie aus sechs Arbeitskreisen zu den Themen:

- Direktive 59 – atomares Schlachtfeld Europa;
- Waffengeneration der achtziger Jahre;

- Auswirkungen auf Sozialprodukt und Arbeitsplätze;
- NATO-Planung und neue Welle der Militarisierung des gesellschaftlichen Lebens;
- Ökologie und Frieden;
- Rüstung und Unterentwicklung.

Das Forum verabschiedete den „Krefelder Appell", zu dem es zu einer Unterschriftenkampagne aufrief. Entsprechend dem Sofioter Aufruf des „Weltparlaments der Völker für den Frieden" interpretierte das Zentralorgan der DKP, die „UZ" das Krefelder Forum: „Das Krefelder Gespräch ‚Der Atomtod bedroht uns alle' am vergangenen Wochenende und der dort veröffentlichte gemeinsame Aufruf sind zweifellos Ausdruck einer breiter werdenden Friedensbewegung in unserem Volk.

Erstmals trafen sich auf diesem Niveau Mitglieder verschiedener schon seit langem tätiger Friedensorganisationen, Vertreter der DFU und des ‚Komitees für Frieden, Abrüstung und Zusammenarbeit', Pazifisten und Christen, Anhänger der Ökologiebewegung und der ‚Grünen', Mitarbeiter verschiedener Bürgerinitiativen, sozialdemokratische Bundestagsabgeordnete, der frühere Panzergeneral und der Betriebsratsvorsitzende, der Mitglied der DKP ist, zu einem offenen Dialog. Dabei wurden oft auch weitgehende und grundsätzliche, unterschiedliche Ansichten nicht ausgespart.

Aber es zeigte sich, daß die Gemeinsamkeit elementarer nationaler Lebens- und Überlebensinteressen angesichts der Gefahr der atomaren Vernichtung dennoch eine tragfähige Grundlage für gleichgerichtetes und gemeinsames Handeln bildet."[196]

Mit der Durchführung des Krefelder Forums übernahm das Komitee für Frieden, Abrüstung und Zusammenarbeit die Koordination der Unterschriftenkampagne.

Von einer breiten Bewegung, nicht jedoch von einem „antimonopolistischen Bündnis" kann man bei der Propagierung des Krefelder Appells durch das Komitee für Frieden, Abrüstung und Zusammenarbeit sprechen. Die organisatorische Verzahnung dieser Kampagne wird ersichtlich, wenn man berücksichtigt, daß der Weltfriedensrat das Jahr 1980 zum Jahr der „Massenbewegung gegen die Verwirklichung des NATO-Doppelbeschlusses" ausrief und die DKP die Kampagne gegen den NATO-Doppelbeschluß zur „wichtigsten aller Aufgaben" erklärte.[197]

Am 22. Mai 1981 antwortete die Bundesregierung auf die Frage zum Krefelder Appell,[198] welche Rolle bei der Propagierung, Unterschriftensammlung und sonstigen Förderung des Krefelder Appells das KFAZ spiele, und wie die Bundesregierung dieses Komitee bewerte oder ob die Darstellung des ppp-Hintergrunddienstes vom 8. April 1981 zutreffend sei, daß die DDR über das KFAZ „nicht wenige Gruppen" der „Friedensbewegung" finanziere: „Das orthodox-kommunistisch beeinflußte ‚Komitee für Frieden, Abrüstung und Zusammenarbeit' (KFAZ) tritt seit Anfang Dezember 1980 vor allem als Unterstützer der Unterschriftenkampagne zum ‚Krefelder Appell' auf. Es unterstützt den ‚Krefelder Appell' überdies publizistisch und organisatorisch und rief mehrfach dazu auf, Spenden zugunsten des ‚Krefelder Appells' auf das Postscheckkonto des KFAZ einzuzahlen.

Es liegen Anhaltspunkte dafür vor, daß der DKP seit Jahren erhebliche Zuschüsse aus der DDR zufließen. Darauf hat die Bundesregierung wiederholt hingewiesen. Zu der Parteiarbeit der DKP gehört die orthodox-kommunistische Kampagne gegen den NATO-Doppelbeschluß, bei der auch das KFAZ eine wichtige Rolle spielt. Weitergehende Erkenntnisse liegen den Sicherheitsbehörden nicht vor."[199]

Belastungen erfuhr die Friedensbewegung in der oben bereits angenommenen Form,[200] daß die DKP durch ihre notwendigerweise einseitig gegenüber der NATO formulierten Vorbehalte jene gesinnungsethisch motivierten Gruppierungen verprellen würde, denen ein ernsthaftes Abrüstungsbegehren unteilbar erscheint. In ihrer Antwort auf einen offenen Brief, unterzeichnet von Bernd Weidmann (Bundeskongreß autonomer Friedensinitiativen), Werner Reetz (Bundeskongreß entwicklungspolitischer Aktionsgruppen), Peter Grohmann (Evangelische Studentengemeinden) und Manfred Kühlen (Föderation gewaltfreier Atkionsgruppen) erklärten die Grünen als Pressemitteilung unter anderem: „Die Verhältnisse sind verkehrt. Während bei der Demonstration am 10. Oktober höchstens 5 bis 8 Prozent zur DKP und ihrem Umfeld zu rechnen waren, wurde auf dem Aufruftreffen am 16. März 1982 der Passus über Polen ‚Wir fordern die Aufhebung des Kriegsrechts in Polen...' in eine Sprache umgestaltet, die auch für Jaruzelski und Breshnew tragfähig sind: ‚Wir sind für die Aufhebung des Kriegsrechts in Polen und eine politische Lösung...' Diese Veränderung des ursprünglichen Textes wurde mit 13 zu 12 Stimmen beschlossen. Die dreizehnte Stimme kam von einem Bundesvorstandsmitglied der DKP. ... Ein Grund für die Stärkung der Friedensbewegung liegt in ihrer Vielfalt. Diese Stärke wird zu einer Fallgrube, wo inhaltliche Positionen durch ein organisiertes Spektrum majorisiert werden. Dagegen müssen wir uns gemeinsam wehren."[201]

Wenn die sogenannte Friedensbewegung soweit führt, daß Mediziner, Psychiater und Psychotherapeuten ihre Tätigkeit nicht mehr als Handeln für das Individuum, sondern als gesellschaftsverändernde Aufgabe begreifen,[202] so muß man diese Bewegung als außerordentlich erfolgreich bezeichnen. Sie hat es vermocht, daß gutgläubige Meinungsbildner sich als Multiplikatoren engagieren und ihre fachliche Reputation in der Öffentlichkeit und sicher ohne jede kommunistische Beeinflussung mißbrauchen. Hier geht es nicht um formale Bündnisse, sondern um die atmosphärische Beeinflussung der öffentlichen Meinung, deren Grundlage mit der oben geschilderten Organisation des Krefelder Appells gelegt wurde, in dessen Gefolge die Mediziner, Psychiater und Psychotherapeuten sich ohne Berücksichtigung des Ansehens ihrer Berufsstände als engagierte Bürger angesprochen fühlen. Sie bestätigen hiermit tendenziell Vorwürfe gegenüber der Psychoanalyse als Manipulation, da man als potentieller Patient befürchten muß, von den Unterzeichnern mit gesellschaftsverändernder Zielsetzung therapiert zu werden.

Kommunistische Bündnispolitik hat sehr unterschiedliche Ausdrucksformen. Entsprechend ihrer theoretischen Begründung sind diese jedoch in keinem Fall dem Zufall überlassen. Daß die Deutsche Kommunistische Partei als die bundesdeutsche Vertreterin des orthodoxen Kommunismus umso erfolgreicher ist, je weniger sie als Organisation in der Öffentlichkeit in Erscheinung tritt, hängt von vielerlei Faktoren, unter anderem dem Wandel der deutschen Sozialdemokratie, dem bundesdeutschen System der sozialen Sicherung, vor allem aber der Abhängigkeit der DKP von der Sozialistischen Einheitspartei der DDR ab. Die Sozialdemokratie überläßt im System der bundesdeutschen Parteien dem organisierten Kommunismus nur noch Randgruppen als potentielle Mitglieder und Wähler. Das System der sozialen Sicherung bewirkte bisher, daß sich in wirtschaftlichen Krisensituationen existenzielle Gefährdung nicht mehr in politischem Extremismus niederschlug; die Abhängigkeit von der SED führte zu einer starren Inflexibilität der DKP, die dieser als potentielle Mitglieder nur noch solche Personen zuweist, die politische Tätigkeit mit missionarischem Handeln verwechseln.

Da die Partei in ihrer Theorie seit Lenin, in ihrer Praxis erst in jüngster Zeit erkannt hat, daß sie nur im verborgenen erfolgreich sein kann, scheint sie dieses Vorgehen inzwischen mit größerem Erfolg zu praktizieren. Daß sie hierbei nicht so sehr ihre innenpolitische Gestaltungsansprüche im Auge haben kann, sondern eher als Werkzeug der sowjetischen Außenpolitik instrumentalisiert wird, ist die Kehrseite des Problems.

Anmerkungen

1 Autorenkollektiv, Geschichte der Kommunistischen Partei der Sowjetunion, Berlin (Ost) 1960, Seite 67, zitiert nach der 3. Auflage o.J.

2 Ebenda, Seite 62.

3 Vgl. Karlheinz Winkler, Die Geldquellen der DKP, Köln 1978.

4 Der Bundesminister des Innern (Hrsg.), betrifft: Verfassungsschutz 1980, Bonn 1981, Seite 66.

5 Statistisches Bundesamt (Hrsg.), Wirtschaft und Statistik, Nr. 10, 1980, Seite 636.

6 Ossip K. Flechtheim, Die Kommunistische Partei Deutschlands in der Weimarer Republik, Offenbach/M. 1948, Seite 235, zitiert nach O. Pjatnitzki, Internationale Pressekorrespondenz Nr. 32, 1932, zitiert bei Franz Borkenau, The Communist International, London 1938, Seite 363.

7 Statistisches Jahrbuch des Deutschen Reiches, 1933.

8 Vgl. DGB-Nachrichtendienst 215/73 vom 3. Oktober 1973, der die Unvereinbarkeit der Mitgliedschaft in einer DGB-Gewerkschaft mit einer Mitgliedschaft in der KPD, KPD/ML, RGO oder NPD, nicht aber mit einer gleichzeitigen Zugehörigkeit zur DKP oder zur SDAJ feststellt.

9 Deutsche Kommunistische Partei – Parteivorstand (Hrsg.), Protokoll des 6. Parteitags der Deutschen Kommunistischen Partei vom 29. bis 31. Mai 1981 in Hannover, Neuß 1981, Seite 81.

10 Robert Michels, Soziologie des Parteiwesens, Untersuchungen über die oligarchischen Tendenzen des Gruppenlebens, Stuttgart o. J. (1957), Nachdruck der 2. Auflage von 1925, Seite 40.

11 Vgl. Emil-Peter Müller, Demokratischer Sozialismus und reale Politik, Köln 1976.

12 Vgl. Max Weber, Der Beruf zur Politik, in: Ders. Soziologie, Weltgeschichtliche Analysen, Politik, Stuttgart 1956^2.

13 Carl von Clausewitz, Vom Kriege, Bonn 1952[16], Seite 169.

14 Ebenda, Seite 108.

15 W. I. Lenin, Die proletarische Revolution und der Renegat Kautsky (geschrieben Oktober/November 1918), in: Lenin Werke, Bd. 28, Juli 1918 bis März 1919, Berlin (Ost) 1959, Seite 285.

16 W. I. Lenin, Dritter gesamtrussischer Kongreß der Sowjets, der Arbeiter-, Soldaten- und Bauerndeputierten, 10. bis 18. Januar 1918, in: Lenin Werke, Bd. 26, Berlin 1961, Seite 458.

17 Protokoll über die Verhandlungen des Parteitags der Sozialdemokratischen Partei Deutschlands, abgehalten in Görlitz vom 18. bis 24. September 1921, unveränderter Nachdruck, Berlin/Bonn-Bad Godesberg 1973, Seite 302 f.

18 Sozialdemokratische Partei Deutschlands, auf dem Heidelberger Parteitag beschlossenes Programm, in: Bundessekretariat der Jungsozialisten (Hrsg.), Programme der deutschen Sozialdemokratie, Hannover 1963, Seite 93.

19 Vgl. Gerhard Weisser, Artikel Sozialismus, (IV), neuere Richtungen, (5) Freiheitlicher Sozialismus, in: Erwin von Beckerath, Carl Brinkmann u. a. (Hrsg.), Handwörterbuch der Sozialwissenschaften, Stuttgart 1956, Band 9, Seite 509.

20 Grundsatzprogramm der Sozialdemokratischen Partei Deutschlands, beschlossen vom außerordentlichen Parteitag der Sozialdemokratischen Partei Deutschlands in Bad Godesberg vom 13. bis 15. November 1959, in: (siehe Anm. 18), Seite 187.

21 Vgl. die Diskussion des Eurokommunismus, Kapitel III. 4.

22 W. I. Lenin, Was tun? Brennende Fragen unserer Bewegung, in: Lenin Werke, Band 5, Berlin (Ost) 1955, Seite 495 f.

23 Ebenda.

24 Gemeint sind die Mitglieder der Kommunistischen Partei Rußlands.

25 W. I. Lenin (siehe Anm. 22), Seite 436.

26 Ebenda, Seite 444.

27 Autorenkollektiv (Hrsg.), Kleines Politisches Wörterbuch, Berlin (Ost) 1978[3], Seite 158 f.

28 Parteivorstand der Deutschen Kommunistischen Partei (Hrsg.), Programm der Deutschen Kommunistischen Partei, beschlossen vom Mannheimer Parteitag, 20. bis 22. Oktober 1978, Düsseldorf 1978, Seite 87.

29 Vgl. Stichwort Bündnispolitik, in: Autorenkollektiv (Hrsg.), (siehe Anm. 27), Seite 139.

30 These 35.

31 Vgl. Anm. 28, Seite 80 f.

32 Ebenda, Seite 81.

33 Wahrscheinlich stammt der Begriff der „nützlichen Idioten" als Destillat Leninscher Ausführungen aus der Sekundärliteratur. Im Zusammenhang Leninscher Äußerungen klingt er durchaus plausibel: „Sie bezeichnen uns als Verbrecher, helfen uns aber trotzdem. Es zeigt sich, daß sie ökonomisch an uns gebunden sind. Es zeigt sich, wie ich Ihnen bereits sagte, daß unsere Überlegung, in großem Maßstab genommen, richtiger ist als ihre Überlegung. Und zwar nicht deshalb, weil es ihnen etwa an Leuten fehlt, die es verstehen, richtig zu überlegen – im Gegenteil, sie haben ihrer mehr als wir –, sondern deshalb, weil man nicht mehr richtig urteilen kann, wenn man dem Untergang entgegengeht." W. I. Lenin, IX. Gesamtrussischer Sowjetkongreß vom 23. bis 28. Dezember 1921, in: Lenin Werke, Band 33, Berlin (Ost) 1962, Seite 136 f.

34 Vgl. W. I. Lenin, Der Imperialismus als höchstes Stadium des Kapitalismus, Berlin (Ost) 1946.

35 Vgl. Autorenkollektiv (Hrsg.), Imperialismus heute, Der staatsmonopolistische Kapitalismus in Westdeutschland, Berlin (Ost) 1965.

36 Vgl. Freimut Duve (Hrsg.), Der Thesenstreit um Stamokap. Reinbek 1973.

37 Wahrscheinlich zum ersten Mal niedergeschrieben in den programmatischen Erklärungen Kurt Schumachers vom 5. Oktober 1945: „Eine solche Partei muß viele Wohnungen für viele Arten von Menschen kennen. Unverzichtbar ist für sie nur der Wille ihrer Mitglieder, Sozialist, Demokrat und Träger der Friedensidee zu sein. Darüber hinaus kann für uns der Wert des Sozialdemokraten nicht durch das Motiv bestimmt werden, aus dem heraus er zu uns gekommen ist. Mag der Geist des Kommunistischen Manifests oder der Geist der Bergpredigt, mögen die Erkenntnisse rationalistischen oder sonst irgendwelchen philosophischen Denkens ihn bestimmt haben, oder mögen es Motive der Moral sein, für jeden, die Motive seiner Überzeugung und der Verkündigung ist Platz in unserer Partei." Zitiert nach Ossip K. Flechtheim (Hrsg.), Programmatik der deutschen Parteien, 3. Bd., 2. Teil, Berlin 1963, Seite 8.

38 Referat des ehemaligen Bundesvorsitzenden der Jungsozialisten, Karsten D. Voigt, am 11. Dezember 1971 in Hannover.

39 Vgl. konkret Nr. 12, 1978.

40 Vgl. Die Darstellung dieses Tatbestandes bei John Kenneth Galbraith, Die moderne Industriegesellschaft, München/Zürich 1968, besonders Seite 332 f.

41 Karl Marx, Das Kapital, 1. Band, in: Karl Marx/Friedrich Engels: Werke, Band 23, Berlin (Ost) 1962, Seite 779.

42 Friedrich Engels, Herrn Eugen Dührings Umwälzung der Wissenschaft, Stuttgart 1907[6], Seite 300.

43 Siehe Anm. 35, Seite 155.

44 Ebenda.

45 Siehe Anm. 28, Seite 71 f.

46 Ebenda, Seite 78 f.

47 Ebenda, Seite 7.

48 Bundesministerium des Innern (Hrsg.), Zum Thema: Erfahrungsbericht über die Beobachtungen der Ämter für Verfassungsschutz im Jahre 1968, Bonn 1969, Seite 56.

49 Herbert Mies, Bericht des Parteivorstands an den 6. Parteitag, in: Deutsche Kommunistische Partei – Parteivorstand (Hrsg.), Protokoll des 6. Parteitags der Deutschen Kommunistischen Partei, 29. bis 31. Mai 1981 in Hannover, Neuß 1981, Seite 87.

50 Ebenda, Seite 90.

51 Ebenda, Seite 25.

52 Siehe Anm. 4, Seite 60.

53 Vgl. ebenda.

54 Bericht von Willi Gerns, Mitglied des Präsidiums der DKP, Leiter der Antragskommission 1 an den Mannheimer Parteitag der DKP vom 20. bis 22. Oktober 1978, in: Deutsche Kommunistische Partei – Parteivorstand (Hrsg.), Protokoll des Mannheimer Parteitags, Neuß o. J., Seite 190 f.

55 Rechenschaftsbericht des Parteivorstands an den Hannoveraner Parteitag, in: Deutsche Kommunistische Partei – Parteivorstand (Hrsg.), Protokoll des 6. Parteitags in Hannover.

56 Ebenda, Seite 91 f.

57 Bericht von Uwe Eichholz, Leiter der Mandatsprüfungskommission, an den Hannoveraner Parteitag, in: (siehe Anm. 55), Seite 221.

58 Vgl. ebenda, Seite 227 ff.

59 Vgl. hierzu Emil-Peter Müller, Zum Verhältnis der DGB-Gewerkschaften zu Bürgerinitiativen und grünen Organisationen, in: gewerkschaftsreport des Instituts der deutschen Wirtschaft, 12. Jg., Heft 8, 1978, Seite 23.

60 Willi Gerns, Robert Steigerwald, Probleme der Strategie des antimonopolistischen Kampfes, Frankfurt/M. 1973, Seite 44.

61 These 35 der Thesen des Düsseldorfer Parteitags der Deutschen Kommunistischen Partei, in: Deutsche Kommunistische Partei – Parteivorstand (Hrsg.), Protokoll des Düsseldorfer Parteitags der Deutschen Kommunistischen Partei, Düsseldorf 1971, Seite 346.

62 Siehe Anm. 60, Seite 51.

63 Vgl. Anm. 28, Seite 34 f.

64 Vgl. Autorenkollektiv, Grundlagen des Marxismus/Leninismus, Berlin (Ost) 1960, Seite 418 ff.

65 Ebenda, Seite 417.

66 Ebenda, Seite 431.

67 Der Gründungsparteitag der KPD fand vom 30. Dezember 1918 bis 1. Januar 1919 statt.

68 Siehe Anm. 27, Seite 454.

69 Harald Wieser, Rainer Traub, Die Volksfront. Zur Entstehung, Geschichte und Theorie, in: Kursbuch Nr. 46, Volksfront für Europa? Dezember 1976, Seite 4.

70 Régis Debray, Frankreich ist nicht Chile, in: (siehe Anm. 69) Seite 4.

71 Ekkehart Krippendorff, Italien: Der Historische Kompromiß in: (siehe Anm. 69), Seite 56 f.

72 Siehe Anm. 28, Seite 73 f.

73 Ebenda, Seite 74.

74 Rainer Eckert, Einige neue Gesichtspunkte der Aktionseinheitspolitik der DKP, in: Marxistische Blätter 4/78, Seite 39. Dr. Rainer Eckert ist Mitglied des Herausgeberkreises der „Marxistischen Blätter" und Vorsitzender der August-Bebel-Gesellschaft in Frankfurt/M. 1973 war Eckert stellvertretender Unterbezirksvorsitzender der Arbeitsgemeinschaft der Jungsozialisten in der SPD in Frankfurt/M., gehörte dem Stamokap-Flügel unter den Jungsozialisten an und trat infolge Fraktionsauseinandersetzungen zwischen Reformisten und Stamokap-Anhängern vor dem Bad Godesberger Bundeskongreß der Jusos 1973 von der SPD zur DKP über. Vgl. auch Emil-Peter Müller, Jungsozialisten, zwischen Reform und Revolution, Köln 1974, Seite 55.

75 Ebenda, Seite 44.

76 Ebenda, Seite 46 f.

77 Die Grüne Alternative Liste Hamburg bildet ein Beispiel dafür, daß sich Kommunisten unterschiedlicher Herkunft hinter ökologische und Probleme von Minderheiten stellen, um für ihre parteipolitischen Ziele eine gesellschaftliche Basis zu schaffen, die sie hoffen in Wählerstimmen umsetzen zu können.

78 Vera Achenbach, Peter Katzer im Auftrag des Bundesvorstands der SDAJ (Hrsg.), Grundwissen für junge Sozialisten, Dortmund 1980, Seite 477 und Seite 407.

79 Siehe Anm. 4, Seite 70.

80 Vgl. Kapitel III.3. und III.5.

81 Vgl. Artikel 2 der Satzung der SDAJ, beschlossen auf dem Gründungskongreß am 4. Mai 1968 in der Fassung des VII. Bundeskongresses.

82 Vgl. VII. Bundeskongreß der SDAJ, Düsseldorf 6./7. März 1982, Kongreßinfo Nr. 13, Bericht der Mandatsprüfungskommission.

83 Werner Stürmann, Bericht des Bundesvorstands an den VII. Bundeskongreß der SDAJ, Düsseldorf 6./7. März 1981, unkorrigiertes Manuskript, Seite 44.

84 Herbert Mies (siehe Anm. 49), Seite 85 f.

85 Pressemitteilung der Grünen vom 5. April 1982.

86 Mit Spartakus im Spartakus, Protokoll des 1. Bundeskongresses des MSB, Neumünster 1971, Seite 229.

87 Vgl. Anm. 4, Seite 72.

88 Vgl. ebenda, Seite 57.

89 Für die demokratische Hochschule, Vorschläge der DKP zur Hochschulreform, Düsseldorf 1970, Seite 10. Vgl. hierzu auch inhaltsgleich These 15 der Thesen des Düsseldorfer Parteitags der Deutschen Kommunistischen Partei (s. Anm. 61), Seite 229 f.

90 Siehe Anm. 86, Seite 231.

91 Christoph Strawe, 1. Bundesvorsitzender des MSB Spartakus, zitiert nach K.-H. Preuß, Sein Feind ist das Kapital, in: Junge Stimme/Deutsches Allgemeines Sonntagsblatt Nr. 16 vom 16. April 1972.

92 Fritz Vilmar, Parteihochschule in der Universität Marburg? Die Unterwanderungspolitik der Deutschen Kommunistischen Partei, in: Frankfurter Rundschau Nr. 118 vom 24. Mai 1975.

93 Der Bundesminister des Innern (Hrsg.), betrifft: Verfassungsschutz 1975, Bonn 1976, Seite 70.

94 Ebenda.

95 Helmut Bilstein, Sepp Binder u. a., Organisierter Kommunismus in der Bundesrepublik Deutschland, Opladen 1977[4], Seite 54.

96 Siehe Anm. 92.

97 Der Bundesminister des Innern (Hrsg.), betrifft: Verfassungsschutz 1974, Bonn 1975, Seite 61.

98 Der Innenminister des Landes Schleswig-Holstein (Hrsg.), Verfassungsschutz in Schleswig-Holstein 1981, Schriften des Innenministers, Heft 23/1982, Seite 26. (Über den Weltfriedensrat schließt sich die Verbindung zwischen der Deutschen Friedensunion und der Deutschen Kommunistischen Partei, wie sie bei Behandlung des sogenannten Krefelder Appells in Kapitel III.5. noch behandelt werden wird).

99 Ebenda.

100 Siehe Anm. 4, Seite 87.

101 Siehe Anm. 48, Seite 68 f.

102 Vgl. ebenda.

103 Siehe auch die Diskussion des Krefelder Appells in Kapitel III.5.

104 Vgl. Anm. 4, Seite 88.

105 Programm der Deutschen Friedensgesellschaft – Vereinigte Kriegsdienstgegner e.V. – gegründet 1892 – Deutscher Zweig der War Resisters International.

106 Vgl. z.B. das Stichwort „Pazifismus" in: Kleines Politisches Wörterbuch, Berlin (Ost) 1978[3].

107 Marie Luise Mayer, Die Deutsche Friedensgesellschaft –Vereinigte Kriegsdienstgegner, Bonn 1980, Seite 44.

108 VII. SDAJ-Bundeskongreß 1982, Kongreßinformationen Nr. 6.

109 Vgl. auch Paul Haier, das KFAZ, ein Instrument des Friedenskampfes, Bonn o.J., Seite 37.

110 Ebenda.

111 Bundestagsdrucksache 8/1661 vom 21. März 1978.

112 Es wird noch zu untersuchen sein, inwieweit das KFAZ in der Kontinuität der Ostermarschbewegung der sechziger Jahre liegt; siehe hierzu Kapitel III.1.

113 Vgl. auch Emil-Peter Müller, Die Bürgerinitiativbewegung als Herausforderung des sozio-politischen Systems, in: Institut der deutschen Wirtschaft (Hrsg.), Streitsache, Bürgerinitiativen, Ergänzung oder Herausforderung der Demokratie?, Köln 1978.

114 Karl A. Otto, Vom Ostermarsch zur APO, Frankfurt/M., New York 1970, Seite 11 f.

115 Vgl. Bundestagsdrucksache 9/1487.

116 Ebenda.

117 Ebenda.

118 Ulli Meyer, Ostern 1967: 150 000 marschierten für Abrüstung und Demokratie, in: UZ, unsere zeit, Zentralorgan der DKP, Nr. 2 vom 25. März 1977.

119 Deutsche Volkszeitung Nr. 12 vom 18. März 1982.

120 Bericht der Antragskommission 1, Berichterstatter Willi Gerns an den Mannheimer Parteitag der Deutschen Kommunistischen Partei, in: Deutsche Kommunistische Partei – Parteivorstand (Hrsg.), Protokoll des Mannheimer Parteitags der Deutschen Kommunistischen Partei vom 20. bis 22. Oktober 1978, Neuß 1978, Seite 190.

121 Vgl. Frankfurter Allgemeine Zeitung Nr. 85 vom 13. April 1982.

122 Vgl. Deutsche Volkszeitung Nr. 12 vom 18, März 1982, Seite 6.

123 Karsten D. Voigt, Bürokratische Kaderpartei?, in: express international Nr. 127 vom 20. Juli 1971.

124 Horst Stein, Der Stoß gegen die Tarife geht in Hamburg ins Leere, in: Die Welt Nr. 156 vom 9. Juli 1971.

125 Vgl. Ulrich Rother, André Schulz, Chronologie eines exemplarischen Konflikts, in: express international Nr. 127 vom 20. August 1971.

126 Zitiert nach: Frankfurter Allgemeine Zeitung Nr. 153 vom 7. Juli 1971.

127 Siehe Anhang zu den Stellungnahmen des SPD-Parteivorstands zu den Beschlüssen des Bundeskongresses der Jungsozialisten in Bremen vom 11. bis 13. Dezember 1970, Bonn 1971, Seite 40.

128 Vgl. Brandt zieht klaren Trennungsstrich zwischen der SPD und den Kommunisten, in: Süddeutsche Zeitung Nr. 50 vom 27./28. Februar 1971. Vgl. auch Emil-Peter Müller (siehe Anm. 74).

129 SPD-Pressemitteilungen und Informationen Nr. 89 vom 8. März 1971.

130 Vgl. Jusos wollen keine Kaderpartei sein, in: Frankfurter Rundschau Nr. 69 vom 23. März 1971.

131 Vgl. Rainer Naudiet und Gerd Walter, Jungsozialisten und Deutsche Kommunistische Partei, in: Norbert Gansel (Hrsg.), Überwindet den Kapitalismus oder was wollen die Jungsozialisten, Reinbek 1971.

132 Vgl. Hannoversche Allgemeine Zeitung vom 10. September 1973.

133 Vgl. Frankfurter Allgemeine Zeitung Nr. 27 vom 1. Februar 1974.

134 Zitiert nach: Die Welt Nr. 185 vom 10. August 1973.

135 Zitiert nach: Frankfurter Allgemeine Zeitung Nr. 27 vom 1. Februar 1974.

136 Betriebsarbeit ist mehr als eine begrenzte Schwerpunktaufgabe, in: UZ, unsere zeit, Zentralorgan der DKP vom 17. August 1978.

137 Vgl. Horst-Udo Niedenhoff, Die Betriebsratswahlen 1972 – Ergebnis – Analyse – Dokumentation –, Sonderheft gewerkschaftsreport des Deutschen Industrieinstituts, Köln 1973.
Vgl. auch ders., Die Betriebsräte von 1981 bis 1984 –Eine Analyse der Betriebsratswahlen – in: Institut der deutschen Wirtschaft (Hrsg.), Beiträge zur Gesellschafts-und Bildungspolitik Nr. 69, Köln 1981.
Vgl. auch ders., Die Betriebsratswahlen von 1952 bis 1978, Dissertation Köln 1981.

138 Siehe Anm. 28, Seite 72.

139 Ebenda, Seite 74 f.

140 These 29 (siehe Anm. 61), Seite 339 f.

141 Bericht des Parteivorstands an den Düsseldorfer Parteitag, Berichterstatter: Kurt Bachmann, Vorsitzender der DKP, in: (siehe Anm. 61), Seite 42 f.

142 Herbert Mies, Bericht des Parteivorstands an den Mannheimer Parteitag, in: (siehe Anm. 120), Seite 50.

143 Horst-Udo Niedenhoff, Auf dem Marsch durch die Institutionen, Köln 1982^2, Seite 53.

144 Stahlwerk-Echo, DKP-Betriebszeitung für die Belegschaft der Stahlwerke Süd-Westfalen, April 1972, zitiert nach; Horst-Udo Niedenhoff (siehe Anm. 143), Seite 53.

145 Vgl. Gabriele Wölke, Kommunisten und Einheitsgewerkschaft, in: gewerkschaftsreport des Instituts der deutschen Wirtschaft, 15. Jg., Heft 4, Juni 1981, Seite 27 f.

146 Heinz-Oskar Vetter, Referat auf dem 4. außerordentlichen Bundeskongreß des DGB vom 12. bis 14. März 1981 in Düsseldorf, in: Deut-

scher Gewerkschaftsbund, Bundesvorstand (Hrsg.), Protokoll des 4. außerordentlichen Bundeskongresses des DGB, Frankfurt/M. 1981, Seite 20.

147 Vgl. 4. außerordentlicher Bundeskongreß des DGB, Anträge, Seite 14 f.

148 These 37 (siehe Anm. 61), Seite 349.

149 Vgl. UZ, unsere zeit, Zentralorgan der DKP, vom 28. Dezember 1977, Seite 7.

150 Vgl. UZ, unsere zeit, vom 2. August 1978, Seite 7.

151 Ebenda.

152 Siehe Anm. 149.

153 Artikel 3 der Satzung der SDAJ (siehe Anm. 81).

154 Der Verfassungsschutzbericht 1980 spricht in diesem Zusammenhang von circa 15 000 aktiven SDAJ-Mitgliedern (siehe Anm. 4), Seite 70.

155 Erschrecken über den Jargon eines Politkommissars, Kurzbericht des DGB-Vorstandsmitglieds Karl Schwab über den Verlauf der DGB-Bundesjugendkonferenz in Frankfurt/M., in: Frankfurter Rundschau Nr. 301 vom 28. Dezember 1977.

156 Vgl. Karl Schwab, Nach der Jugendkonferenz: Diskussionen und Schlußfolgerungen, in: Solidarität Nr. 3, März 1978, Seite 3.

157 Ebenda.

158 einheit Nr. 2/1978, Seite 9.

159 Ebenda.

160 Vgl. Emil-Peter Müller, Mitarbeit ist Unterwanderung – Wie Kommunisten ihre Jugend im DGB ansetzen, in: Die Politische Meinung, 23. Jg. 1978, Heft 181.

161 Parlamentarisch politischer Pressedienst vom 6. Januar 1981.

162 Metallpressedienst XXIX/245 vom 5. November 1981.

163 Zitiert nach: Manfred Wilke, Die Debatte um die Grundsätze gewerkschaftlicher Jugendpolitik, in: JW-Dienst, Exklusivbericht Nr. 227 vom 10. Januar 1982.

164 Vgl. ebenda.

165 Vgl. Artikel 2 der Satzung der SDAJ (siehe Anm. 81).

166 Bericht der Mandatsprüfungskommission an den 5. Bundeskongreß der SDAJ am 4./5. Dezember 1976, Kongreßinformation Nr. 10; die Zahlenangaben des Berichts lassen einige Fragen offen, da sich zum Beispiel die beruflichen Daten nicht auf 766 Delegierte beziehungsweise auf 100 Prozent addieren lassen.

167 Vgl. Protokoll des Hamburger Parteitags der Deutschen Kommunistischen Partei, 2. bis 4. November 1973; Deutsche Kommunistische Partei – Parteivorstand (Hrsg.), Düsseldorf 1973.

168 Vgl. 5. Bundeskongreß der SDAJ vom 6./7. März '82, Düsseldorf, Kongreßinfo Nr. 13, Bericht der Mandatsprüfungskommission.

169 Vgl. 5. Bundeskongreß der SDAJ vom 4./5. Dezember 1976 in Frankfurt/M., Kongreßinformationen Nr. 10, Mandatsprüfungsbericht.

170 Vgl. ebenda.

171 Vgl. Frane Barbieri, Breshnews Fälligkeiten, in: Il Giornale Nuovo, vom 26. Juni 1975, zitiert nach Manfred Steinkühler (Hrsg.), Eurokommunismus im Widerspruch, Analyse und Dokumentation, Köln 1977, Seite 390.

172 Wolfgang Leonhard, Eurokommunismus, München 1978, Seite 9. Die übrigen als Väter dieses Neologismus angesehenen Personen, der Chefredakteur der Turiner Tageszeitung „La Stampa", Arrigo Levi und der katholische Philosoph Auguste della Noce, haben vermutlich diesen Begriff später verwendet.

173 Erklärung von Santiago Carrillo, Enrico Berlinguer, Georges Marchais vom 2. und 3. März 1977, zitiert nach: Manfred Steinkühler (Hrsg.) (siehe Anm. 171), Seite 282 ff.

174 Vgl. Für Frieden, Sicherheit, Zusammenarbeit und sozialen Fortschritt in Europa, Schlußdokument der Konferenz von 29 kommunistischen und Arbeiterparteien Europas vom 29. und 30. Juni 1976 in Berlin (Ost), in: Freundschaft, Tageszeitung der sowjetdeutschen Bevölkerung Kasachstans, 11. Jg., Nr. 134 vom 2. Juli 1976.

175 Marxistisch-Leninistisches Wörterbuch der Philosophie, Reinbek 1972, Seite 250.

176 Wolfgang Jäger, Eurokommunismus, in: Politische Bildung, Heft 1, 1979, Seite 6.

177 Art. 27 der Verfassung der Deutschen Demokratischen Republik in der Fassung vom 7. Oktober 1974.

178 Art. 28.

179 Art. 29.

180 Art. 32.

181 Art. 44.

182 Neue Zürcher Zeitung Nr. 31 vom 8./9. Februar 1976.

183 Schlußdokument des Ostberliner KP-Treffens 1976.

184 Neue Rhein-Ruhr-Zeitung Nr. 295 vom 31. Dezember 1976.

185 Vorstand der SPD (Hrsg.), Soziale Demokratie für Europa, Programm der Sozialdemokratischen Partei Deutschlands für die 1. Europäische Direktwahl 1979, Bonn 1979, Seite 93.

186 Ebenda, Seite 94.

187 Wolfgang Leonhard (siehe Anm. 172), Seite 381 f.

188 Ebenda, Seite 383.

189 Schlußdokument (siehe Anm. 183).

190 einheit Nr. 8 vom 15. April 1981.

191 Siehe „Appell des Weltparlaments der Völker für den Frieden – Sofia, 24. September 1980", in: „neue Perspektiven – Journal des Weltfriedensrats", Nr. 6/1980, zitiert nach Paul Haier (siehe Anm. 109) Seite 29.

192 B. N. Ponomarjow, Grußansprache an den 6. Parteitag der DKP, in: (siehe Anm. 49), Seite 127.

193 Vgl. UZ, unsere zeit, Zentralorgan der DKP, Nr. 264 vom 13. November 1980.

194 Vgl. Günther Wagenlehner, Eine „breite Volksbewegung?", in: Der Heimkehrer, 32. Jg., Ausgabe 9 vom 15. September 1981.

195 Vgl. ebenda.

196 UZ, unsere zeit, Zentralorgan der DKP, Nr. 270 vom 21. November 1980.

197 Vgl. Anm. 4, Seite 74.

198 Vgl. Bundestagsdrucksache 9/466.

199 Ebenda.

200 Vgl. Kapitel III.1.

201 Vgl. undatierte Pressemitteilung der Grünen.

202 Vgl. das Inserat, Appell: Für die vernünftigen Ziele der Friedensbewegung, Frankfurter Allgemeine Zeitung, Nr. 61 vom 13. März 1982.

Literatur

Achenbach, Vera und Peter Katzer: Grundwissen für junge Sozialisten, Dortmund 1980

Appelhans, Heinrich und Werner Plitt, Günter Wehrmeyer: Die DKP – Keine Alternative für Demokraten, Bonn 1975

Autorenkollektiv: Geschichte der Kommunistischen Partei der Sowjetunion, Berlin (Ost) 1960, (3. Aufl. o.J.)

Autorenkollektiv: Grundlagen des Marxismus/Leninismus, Berlin (Ost) 1960

Autorenkollektiv (Horst Hemberger, Lutz Maier, Heinz Petrak, Otto Reinhold, Karl Heinz Schwank): Imperialismus heute, Der staatsmonopolistische Kapitalismus in Westdeutschland, Berlin (Ost) 1965

Bärwald, Helmut: Deutsche Kommunistische Partei – Die kommunistische Bündnispolitik in Deutschland, Köln 1970

Bilstein, Helmuth und Sepp Binder, Manfred Elsner, Hans Ulrich Klose, Ingo Wolkenhaar: Organisierter Kommunismus in der Bundesrepublik Deutschland – DKP – SDAJ – MSB-Spartakus – KPD-KPD (ML) / KBW / KB, Opladen 1977[4]

Der Bundesminister des Innern (Hrsg.): betrifft: Verfassungsschutz 1969 – 1980, Bonn 1970 –1981

Ders.: Verfassungsschutz und Rechtsstaat, Beiträge aus Wissenschaft und Praxis, Köln, Berlin, Bonn, München 1981

Ders.: Zum Thema: Erfahrungsbericht über die Beobachtungen der Ämter für Verfassungsschutz im Jahre 1968, Bonn 1968

Buske, Werner Gahring, Janine Haschker, Heinz Hümmler, Wolfgang Kliem, Hans Joachim Koch, Rolf Leonhardt, Rolf Stöckigt: Bündnispolitik im Sozialismus, Berlin (Ost) 1981

Clausewitz, Carl von: Vom Kriege, Bonn 1952[16]

Debray, Régis: Frankreich ist nicht Chile, in: Kursbuch Nr. 46, Volksfront für Europa? Berlin Dezember 1976

Deutsche Kommunistische Partei – Parteivorstand (Hrsg.), Programm der Deutschen Kommunistischen Partei, beschlossen vom Mannheimer Parteitag der DKP, 20. – 22. Oktober 1978, Düsseldorf 1978

Ders.: Protokoll des Essener Parteitags der Deutschen Kommunistischen Partei – DKP, 12. und 13. April 1969, Essen, Neuß 1969

Ders.: Protokoll des Düsseldorfer Parteitags der Deutschen Kommunistischen Partei, 25. – 28. November 1971, Hamburg 1971

Ders.: Protokoll des Hamburger Parteitags der Deutschen Kommunistischen Partei, 2. – 4. November 1973, Hamburg, Düsseldorf 1973

Ders.: Protokoll des Bonner Parteitags der Deutschen Kommunistischen Partei, 19. – 21. März 1976, Bonn, Neuß 1976

Ders.: DKP Protokoll des Mannheimer Parteitags der Deutschen Kommunistischen Partei, 20. – 22. Oktober 1978, Mannheim, Neuß 1978

Ders.: DKP Protokoll des 6. Parteitags der Deutschen Kommunistischen Partei, 29. – 31. Mai 1981, Hannover, Neuß 1981

Duve, Freimut (Hrsg): Der Thesenstreit um „Stamokap", Die Dokumente zur Grundsatzdiskussion der Jungsozialisten, Reinbek/Hamburg 1973

Eckert, Rainer: Einige neue Gesichtspunkte der Aktionseinheitspolitik der DKP, in: Marxistische Blätter 4/78, S. 39–47

Engelhardt, Klaus – Karl-Heinz Heise: Der militärisch-industrielle Komplex im heutigen Imperialismus, Köln 1974

Engels, Friedrich: Herrn Eugen Dührings Umwälzung der Wissenschaft, Stuttgart 1907[6]

Flechtheim, Ossip K.: Die Kommunistische Partei Deutschlands in der Weimarer Republik, Offenbach/M. 1948

Ders. und Wolfgang Rudzio, Fritz Vilmar, Manfred Wilke: Der Marsch der DKP durch die Institutionen, Frankfurt/M. 1980

Galbraith, John Kenneth: Die moderne Industriegesellschaft, München/Zürich 1968

Gerns, Willi – Robert Steigerwald: Probleme der Strategie des antimonopolistischen Kampfes, Frankfurt/M. 1973

Grundsatzprogramm der Sozialdemokratischen Partei Deutschlands, beschlossen vom außerordentlichen Parteitag der Sozialdemokratischen Partei Deutschlands in Bad Godesberg vom 13. – 15. November 1959, in: Bundessekretariat der Jungsozialisten (Hrsg.), Programme der deutschen Sozialdemokratie, Hannover 1963

Haier, Paul: Das KFAZ (Komitee für Frieden, Abrüstung und Zusammenarbeit), ein Instrument des Friedenskampfes, Bonn 1982

Jäger, Wolfgang: Eurokommunismus, in: Politische Bildung, Heft 1, 1979

Kleines Politisches Wörterbuch, Berlin (Ost) 1978[3]

Krippendorff, Ekkehart: Italien – Der historische Kompromiß, in: Kursbuch Nr. 46, Volksfront für Europa?, Berlin Dezember 1976

Lenin, W. I.: Der Imperialismus als höchstes Stadium des Kapitalismus, Berlin (Ost) 1946, (Petrograd 1917)

Ders.: Die proletarische Revolution und der Renegat Kautsky, (geschrieben Oktober/November 1918), in: Lenin Werke, Bd. 28, Juli 1918 bis März 1919, Berlin (Ost) 1959

Ders.: Dritter gesamtrussischer Kongreß der Sowjets, der Arbeiter-, Soldaten- und Bauerndeputierten, 10. – 18. Januar 1918, in: Lenin Werke, Bd. 26, Berlin 1961

Ders.: Was tun? Brennende Fragen unserer Bewegung, in: Lenin Werke, Bd. 5, Berlin (Ost) 1955

Leonhard, Wolfgang: Eurokommunismus, München 1978

Ders.: Sowjetideologie heute, Frankfurt/M. 1962

Ders.: Was ist Kommunismus? – Wandlungen einer Ideologie, München 1976

Marx, Karl: Das Kapital, in: Karl Marx/Friedrich Engels: Werke, Band 23–25, Berlin (Ost) 1962

Marxistisch-Leninistisches Wörterbuch der Philosophie, Reinbek 1972

Mayer, Marie-Luise: Die deutsche Friedensgesellschaft – vereinigte Kriegsdienstgegner – Eine kritische Studie zum Programm, Bonn 1980

Michel, Karl-Markus und Harald Wieser (Hrsg.): Kursbuch Nr. 46, Volksfront für Europa?, Berlin Dezember 1976

Michels, Robert: Soziologie des Parteiwesens, Untersuchungen über die oligarchischen Tendenzen des Gruppenlebens, Stuttgart o.J. (1957), Nachdruck der 2. Auflage von 1925

Mies, Herbert und Willi Gerns: Weg und Ziel der DKP, Fragen und Antworten zum Programm der DKP, Frankfurt/M. 1979

Müller, Emil-Peter: Demokratischer Sozialismus und reale Politik, Köln 1976

Ders.: Jungsozialisten – zwischen Reform und Revolution, Köln 1976

Ders.: Mitarbeit ist Unterwanderung, wie Kommunisten ihre Jugend im DGB ansetzen, in: Die politische Meinung, 23. Jg., Heft 181, 1978

Ders.: Zum Verhältnis der DGB-Gewerkschaften zu Bürgerinitiativen und grünen Organisationen, in: gewerkschaftsreport des Instituts der deutschen Wirtschaft, 12. Jg., Heft 8, 1978

Naudiet, Rainer und Gerd Walter, Jungsozialisten und Deutsche Kommunistische Partei, in: Norbert Gansel (Hrsg.): Überwindet den Kapitalismus oder was wollen die Jungsozialisten, Reinbek 1971

Niedenhoff, Horst-Udo: Auf dem Marsch durch die Institutionen – Die kommunistische Agitation im Betrieb und in den Gewerkschaften, Köln 1982²

Ders.: Die Betriebsräte von 1981 bis 1984 – Eine Analyse der Betriebsratswahlen – in: Institut der deutschen Wirtschaft (Hrsg.): Beiträge zur Gesellschafts- und Bildungspolitik Nr. 69, Köln 1981

Ders.: Die Betriebsratswahlen von 1952 bis 1978, Inauguraldissertation zur Erlangung des Doktorgrades der wirtschafts-und sozialwissenschaftlichen Fakultät der Universität zu Köln, Köln 1981

Ders.: Die Betriebsratswahlen 1972 – Ergebnis – Analyse – Dokumentation –, Sonderheft Gewerkschaftsreport des Deutschen Industrieinstituts, Köln 1973

Otto, Karl A.: Vom Ostermarsch zur APO, Geschichte der außerparlamentarischen Oppostion in der Bundesrepublik 1960–70, Frankfurt/M., New York 1977

Parteivorstand der DKP (Hrsg.): Statut der Deutschen Kommunistischen Partei, o.O., o.J.

Protokoll über die Verhandlungen des Parteitages der Sozialdemokratischen Partei Deutschlands, abgehalten in Görlitz vom 18. – 24. September 1921, Unveränderter Nachdruck, Berlin/Bonn-Bad Godesberg 1973

Sagladin, Wadim W. und Autorenkollektiv: Probleme der kommunistischen Bewegung; einige Fragen zur Theorie und Methodologie, Frankfurt/M. 1976

Saradow, Konstantin: Europa und die Kommunisten, Frankfurt/M. 1977

Sozialdemokratische Partei Deutschlands, auf dem Heidelberger Parteitag beschlossenes Programm, in: Bundessekretariat der Jungsozialisten (Hrsg.), Programme der deutschen Sozialdemokratie Hannover 1963

Schwab, Karl: Nach der Jugendkonferenz: Diskussionen und Schlußfolgerungen, in: Solidarität Nr. 3, März 1978

Steinkühler, Manfred (Hrsg.), Eurokommunismus im Widerspruch, Analyse und Dokumentation, Köln 1977

Vilmar, Fritz: Was heißt hier kommunistische Unterwanderung?, Berlin 1981

Wagenlehner, Günther: Eine „breite Volksbewegung?", in: Der Heimkehrer, 32. Jg., Ausgabe 9 vom 15. 9. 1981

Weber, Hermann und Fred Oldenburg: Fünfundzwanzig Jahre SED, Chronik einer Partei, Köln 1971[2]

Weisser, Gerhard: Artikel Sozialismus (IV), neuere Richtungen (5), Freiheitlicher Sozialismus, in: Handwörterbuch der Sozialwissenschaften, Stuttgart, Tübingen, Göttingen 1956, Bd. 9

Weyer, Hartmut: Die DKP – Programm – Strategie – Taktik, Bonn 1979, (Hohwachtverlag), Reihe Demokratische Verantwortung, Band 2

Wieser, Harald und Traub, Rainer: Die Volksfront. Zur Entstehung, Geschichte und Theorie, in: Kursbuch Nr. 46, Volksfront für Europa?, Berlin Dezember 1976

Winkler, Karlheinz: Die Geldquellen der DKP, Köln 1978

Wölke, Gabriele: Kommunisten und Einheitsgewerkschaft, in: gewerkschaftsreport des Instituts der deutschen Wirtschaft, 15. Jg., Heft 4, Juni '81

Verzeichnis der Abkürzungen

a.a.O.	an angegebenem Ort
ADF	Aktion Demokratischer Fortschritt
ASTA	Allgemeiner Studentenausschuß
BdWi	Bund demokratischer Wissenschaftler
CDU	Christlich Demokratische Union
COMECON	Rat für wirtschaftliche Zusammenarbeit
CSSR	Tschechoslowakei
CSU	Christlich Soziale Union
DC	Demokrazia Cristiana
DFG – VK	Deutsche Friedensgesellschaft – Vereinigte Kriegsdienstgegner
DFI	Demokratische Fraueninitiative
DFU	Deutsche Friedensunion
DGB	Deutscher Gewerkschaftsbund
DKP	Deutsche Kommunistische Partei
DDR	Deutsche Demokratische Republik
Ebd.	Ebendort
FDJ	Freie Deutsche Jugend
FIR	Internationale Föderation der Widerstandskämpfer
Hrsg.	Herausgeber
IG	Industriegewerkschaft
IVDJ	Internationale Vereinigung Demokratischer Juristen
JP	Junge Pioniere
KFAZ	Komitee für Frieden, Abrüstung und Zusammenarbeit
KfDA	Kampagne für Demokratie und Abrüstung
KI	Kommunistische Internationale
KPD	Kommunistische Partei Deutschlands
KPdSU	Kommunistische Partei der Sowjetunion
KPI	Kommunistische Partei Italiens
MSB Spartakus	Marxistischer Studentenbund Spartakus
NATO	North Atlantic Treaty Organisation
NPD	National-Demokratische Partei Deutschlands
S.	Siehe
SALT	Strategic Arms Limitation Talks
SDAJ	Sozialistische Deutsche Arbeiterjugend
SDS	Sozialistischer Deutscher Studentenbund
SED	Sozialistische Einheitspartei Deutschlands
SEW	Sozialistische Einheitspartei Westberlin

SHB	Sozialistischer Hochschulbund
SPD	Sozialdemokratische Partei Deutschlands
Stamokap	Staatsmonopolistischer Kapitalismus
UdSSR	Union der Sozialistischen Sowjetrepubliken
VDJ	Vereinigung Demokratischer Juristen
Vgl.	Vergleiche
VK	Verband der Kriegsdienstverweigerer
VVN – BdA	Vereinigung der Verfolgten des Naziregimes – Bund der Antifaschisten
WBDJ	Weltbund der Demokratischen Jugend
WFR	Weltfriedensrat

Personenregister

Abendroth, Wolfgang 77, 135
Achenbach, Vera 66
Allende, Salvador 56

Barbieri, Frane 120
Bastian, Gert 135
Bechert, Karl 135
Benneter, Klaus-Uwe 34, 101
Berlinguer, Enrico 121
Bernstein, Eduard 20
Blum, Léon 55
Brandt, Willy 99, 128
Brauser, Hanns 117 f.
Breshnew, Leonid 131, 138
Buro, Andreas 88

Carrillo, Santiago 121
Clausewitz, Carl von 18

Debray, Régis 56

Eckert, Rainer 62
Engels, Friedrich 12, 37, 43, 65, 109, 127, 130

Fritsch, Kurt 115

Galbraith, John Kenneth 34 f.
Gerns, Willy 94

Grohmann, Peter 138
Guevara, Che 56

Haas, Walter 115
Hartung, Rudolf 102
Hitler, Adolf 32
Hofmann, Werner 77
Horchem, Hans-Josef 100

Jansen, Mechthild 82
Jaruzelski, Wojciech 138

Kautsky, Karl 20
Kelly, Petra 135
Klönne, Arno 88
Klose, Hans-Ulrich 34
Knickrehm, Uwe 72
Kronawitter, Georg 101
Krooß, Achim 74
Kühlen, Manfred 138

Lenin, Wladimir Iljitsch 12, 15, 18 f., 22, 24 f., 31, 32 f., 34 f., 41, 43, 65, 89, 109, 127, 130
Leonhard, Wolfgang 120, 129, 130
Leonow, Pawel Arkemowitsch 132
Loderer, Eugen 116 f.
Löwenthal, Richard 99

Mannhardt, Klaus 81, 82
Marchais, Georges 121, 123
Marx, Karl 12, 20, 32, 33, 37, 38, 43, 65, 109, 127, 130
Maske, Achim 83
Matthiessen, Gunnar 83
Michels, Robert 16
Mies, Herbert 14, 16, 43, 44, 45, 47 f., 68, 77, 106
Mitterand, François 57

Naudiet, Rainer 100
Niemöller, Martin 133

Otto, Karl A. 88

Ponomarjow, Boris Nikolajewitsch 132
Piecyk, Willy 102

Reetz, Werner 138
Reibsch, Reinhard 117 f.
Render, Hans 78
Ridder, Helmut 77, 133
Riesberg, Helga 74
Rossaint, Josef 82
Roth, Wolfgang 97 f.
Ruhland, Stefania 49
Russell, Bertrand 88

Schäfer, Max 43
Schröder, Gerhard 102

Schumacher, Kurt 33
Schwab, Karl 114 f.
Stalin, Josef Wissarionowitsch 55
Strässer, Christoph 135
Ströbel, Heinrich 20
Stürmann, Werner 66, 67, 70, 117 f.

Thiele, Grete 43
Trapp, Horst 82
Traub, Rainer 55

Uexküll, Gösta von 133

Vack, Klaus 88
Vetter, Heinz-Oskar 106, 108
Vilmar, Fritz 73, 75
Vogel, Hans-Jochen 99, 101
Voigt, Karsten 33

Wagenlehner, Günther 135
Walter, Gerd 100
Weber, Josef 133
Weber, Max 18
Wehner, Herbert 58
Weidmann, Bernd 138
Wieser, Harald 55

Zobeltitz, Louis-Ferdinand von 135

Sachregister

Abrüstungskampagne
s. Krefelder Appell,
Ostermarschbewegung
Akademiker s. Hochschule
Aktion Demokratischer
Fortschritt (ADF) 77 ff.
Aktionseinheit 52 ff.
- der Arbeiterklasse 15,
50 ff., 59 ff.
s. a. Gewerkschaftsarbeit
der DKP
- mit SPD 54, 60 ff.
- SDAJ-Projekte 70
- Volksfront s. darunter
antimonopolistisches
Bündnis 31, 36 f., 39 ff.,
50 ff.
Antiatombewegung
s. Ostermarschbewegung
Arbeiterklasse 46 ff.
s. a. Aktionseinheit der
Arbeiterklasse
Arbeitsgemeinschaft der
Jungsozialisten in der
SPD 96 ff.
- Aktionen mit Kommunisten 100
- Landesgruppe Westliches Westfalen 95
- und DGB-Jugend 113
- und Stamokap-Theorie
21, 33 f., 101 f.

ASTA Hamburg und Rote-Punkt-Aktion 97
Atomwaffengegner
s. Krefelder Appell,
Ostermarschbewegung

basisdemokratische Bewegung / DKP 46
Betriebsarbeit der DKP 11,
13, 103
s. a. Gewerkschaftsarbeit
der DKP
Betriebsarbeiterschulen der
DKP 109 f.
Betriebsrat(swahlen) und
DKP 103
Berufsverbote 14, 80, 93
Beschäftigungspolitik (DKP)
49 f.
Brokdorf, Demonstration in
68
Bündnispolitik 15, 31 f.,
51 f., 87 ff.
- Aktionseinheit der Arbeiterklasse s. darunter
- antimonopolistisches
Bündnis s. darunter
- Bündnistypen 51 f.
- Eurokommunismus,
s. darunter
- Krefelder Appell,
s. darunter

- Massenbasis 30 f.
- Ostermarschbewegung, s. darunter
- und Stamokap-Theorie 36 f., 39 ff.
- Volksfrontkoalitionen, s. darunter

Bürgerinitiativen 31, 136
Bund demokratischer Wissenschaftler (BdW) 73
Bund deutscher Pfadfinder NRW 95
Bund der sozialdemokratischen und sozialistischen Parteien in der EG 119 f.
Bundestagswahlen, Kommunisten in – 11, 14, 77 ff.

Christen, Krefelder Appell 136

Democrazia Christiana / KPI 58
Demokratieverständnis kommunistischer Parteien 18 f., 22 f., 27 f.
Demokratische Fraueninitiative (DFI) 85
Demonstration
- in Bonn gegen NATO-Nachrüstungsbeschluß 83, 133
- in Brokdorf 68
- Rote-Punkt-Aktionen, s. darunter
- „Solidarität mit Chile" 100

Deutsche Demokratische Republik (DDR) 13, 75, 126 f., 137 f.
s. a. Sozialistische Einheitspartei Deutschlands
- Friedensrat der – 135
Deutsche Friedensgesellschaft – Vereinigte Kriegsdienstgegner (DFG-VK) 80 ff.
Deutsche Friedensunion (DFU) 76 ff., 94, 132
- in KFAZ 82
- und DKP 77
- und Krefelder Appell 78, 135 f.
- und Rote-Punkt-Aktionen 97
Deutsche Kommunistische Partei (DKP)
- als Nachfolgeorganisation der KPD 43 f.,
s. a. Kommunistische Partei Deutschlands
- als Partei Leninschen Typs 22 f., 24
- außenpolitische Abhängigkeit 87, 92, 94, 137
- Bundestagswahlen 14 f., 44 f., 77 ff.
- Bündnispolitik, s. darunter
- Gewerkschaftsarbeit, s. darunter
- innerparteiliche Demokratie 27 f.

163

- Kommunalpolitik 96 f.
- Mitgliederzahlen 14 f., 45
- Nebenorganisationen 63 f., 65 ff.
- Parteitage 14, 16, 30 f., 44 ff., 50, 68, 94, 106
- Delegierte 110 ff.
- Revolutionsziel 29
- Sozialstruktur der Mltglieder 46
- Sympathisantenpotential 13, 15, 29 ff., 44 f., 60
- und DGB 16, 49 f., 60, 103, 104 ff.
- und Eurokommunismus 119 f., 122, 128 f.
- und Grüne / ökologische Bewegung 49 f., 68 f., 136
- und Hochschule 11, 13 f., 46 f., 74, 96
- und SPD 15 f., 60 ff., 98 f.
- und Volksfront 59
- und Weltanschauungsgewerkschaften 103

Deutscher Gewerkschaftsbund (DGB)
- Abgrenzung von Kommunisten 16, 66
- Einheitsgewerkschaft und Kommunisten 107 f.
- Jugend des –
- und SDAJ 71, 112 ff., 115 ff.
- Rote-Punkt-Aktion 97
- und DKP 16, 49 f., 60, 103, 104 ff.
- und Ostermarsch 1982 95

Diktatur des Proletariats Eurokommunismus 124 f.

Endzielorientierung kommunistischer Parteien 20, 130

Eurokommunismus 59, 87, 119 ff.
- und Diktatur des Proletariats 124 f.
- und Hegemonieanspruch der KPdSU 130
- und SPD 128
- und Volksfrontkonzept 128 f.

Frankreich
- KPF 55 ff., 120 ff., 125
- Volksfront 1935 55

Freie Deutsche Jugend 99

Friedensbewegung
s. a. Krefelder Appell, Ostermarschbewegung, DFU, KFAZ, WFR
- und kommunistische Parteien 29, 67 f.

Friedenskooperative Ruhr der Grünen 96

Gewerkschaften und kommunistische Parteien 29

Gewerkschaftsarbeit der DKP 11, 13 f., 102 ff.

- Betriebsarbeiter-
schulen der DKP 109
- Gewerkschaftsfunk-
tionäre der DKP 110 ff.
- in Mitbestimmungs-
organen 107
- SDAJ 66, 112 ff.
- und DGB 49 f., 102 ff.

„Gießener Kreis" 77 f.
Große Koalition (CDU-
SPD) 58
Grüne
- und DKP 49 f., 68 f.
- und Krefelder Appell
136, 138
- und Ostermarsch 1982
91
- und SDAJ 67, 69

Historischer Kompromiß
(Italien) 57 f., 125
Hochschulbereich
- und DKP 11, 13 f., 46 f.,
74, 96
- Politik des MSB-Spar-
takus 73 f.

Imperialismustheorie,
Weiterentwicklung
s. Stamokap-Theorie
Internationale demokrati-
sche Frauenföderation 77
Internationale Föderation
der Widerstandskämpfer
(FIR) 80
Internationale Vereini-
gung Demokratischer
Juristen (IVDJ) 85

Jungdemokraten 91 f.,
95 f., 97
Junge Pioniere (JP) 63,
65, 74 f.
Jungsozialisten
s. Arbeitsgemeinschaft
der –

Kaderpartei s. Partei,
kommunistische, Lenin-
schen Typs
Kampagne für Demokra-
tie und Abrüstung (KfDA)
88, 91 f.
Kapitalismustheorie
s. Stamokap-Theorie
Kernenergienutzung 94 f.
Kirchliche Bruderschaft
Rheinland 96
Koexistenz, friedliche –
der Wissenschaften 73
Komitee für Frieden,
Abrüstung und Zusam-
menarbeit (KFAZ) 81 ff.,
132, 136 f.
Kommunalpolitik und
Bündnispolitik der DKP
96 f.
Kommunistische
Internationale 55 f.

Kommunistische Partei
(s. a. Partei, kommunistische)
- Chiles 56
- Deutschlands (KPD)
  - Nachfolgeorganisation s. Deutsche Kommunistische Partei, s. a. 79
  - und SPD 15 f.
  - Verbot 43
- Frankreichs 55 ff., 120 ff., 125
- Italiens (KPI) 120 ff., 125
- Portugals 122
- der Sowjetunion (KPdSU) 11, 76 f., 87, 131
  - Hegemonieanspruch 18, 92 f.
  - und Eurokommunismus 122 f.
  - und Krefelder Appell 132, 135
- Spaniens 56, 121 f.
Krefelder Appell 78, 81, 131 ff.
- und Grüne 138
- und KFAZ 136 f.
- und SDAJ 66
Kriegsdienstverweigerer-Organisationen 80 f.

Marxistischer Studentenbund Spartakus (MSB-Spartakus) 47, 63, 65, 71 ff.
- Aktionen mit Jungsozialisten 100

- Bündnispolitik 72 f.
- Mitglieder 72
- und DKP 71 f., 74
- Vertretung in Studentenparlamenten 73
Massenbasis / Bündnispolitik 30 f.
Monopolkapitalismus
  s. Stamokap-Theorie

Nationalkommunismus 120, 123
NATO-Nachrüstungsbeschluß 78, 80, 83, 90, 93 f., 131 f.
Naturfreunde NRW 95

ökologische Bewegung s. a. Grüne 29, 49 f., 67 ff., 136
Ostermarschbewegung 87 ff., 92 ff.
  s. a. Krefelder Appell

Partei, kommunistische
(s. a. Deutsche Kommunistische Partei, Kommunistische Partei –, Sozialistische Einheitspartei Deutschlands)
- Gipfeltreffen in Ostberlin 124, 129 f.
- ideologische Differenzen 120, 123
  s. a. Eurokommunismus

- Leninschen Typs (orthodox-kommunistische P.) 12 f., 15 ff., 22 ff., 41, 124, 129 f.
- Nationalkommunismus 120, 123
- Parteiprogramme 20, 22
- Reformkommunismus 120

Parteiprogramme
- Bedeutung in kommunistischen Parteien 20, 22
- Bedeutung in SPD 20 ff.

Pazifisten 81, 88, 136

Rat für wirtschaftliche Zusammenarbeit (COMECON) 92 f.
Reformkommunismus 120
Revisionismusstreit 20 f.
Rote-Punkt-Aktion 96 ff., 102

Sowjetunion s. a. KPdSU 24, 76, 92 f., 123, 131
Sozialdemokratische Partei Deutschlands (SPD)
- Grundsatzprogramme 20 ff.
- und DKP 15 f., 60 ff., 98 f.
- und Eurokommunismus 128
- Unvereinbarkeitsbeschluß 98 ff.

Sozialistische Deutsche Arbeiterjugend (SDAJ) 47, 63, 65 ff., 69 ff., 81
- Aktion mit Jungsozialisten 100
- Delegierte 69 f., 116 f.
- Gewerkschaftsarbeit 66, 112 ff.
- Mitglieder 66, 70
- und SPD 99
Sozialistische Einheitspartei Deutschlands (SED) s. a. DDR 11, 128 f.
Sozialistische Einheitspartei Westberlin (SEW) 73, 99
Sozialistische Internationale 119 f.
Sozialistischer Deutscher Studentenbund (SDS) 83, 88
Sozialistischer Hochschulbund (SHB) 72 f., 82
Sozialpolitik s. Gewerkschaftsarbeit der DKP

Staatstheorie, marxistische 37 f.
Stamokap-Theorie 32 ff., 35 f., 39 ff., 73
- bei Jungsozialisten 21, 33 f., 101 f.
- in SPD 34
- und kommunistische Bündnispolitik 36 f.
Studenten s. Hochschule

Tarnorganisationen der DKP, kommunistische 13
Tarifpolitik s. Gewerkschaftsarbeit der DKP

Union de la Gauche 57
Union der Sozialistischen Sowjetrepubliken (UdSSR) s. Sowjetunion
Universität s. Hochschule

Verband der Kriegsdienstverweigerer (VK) 91
Vereinigung Demokratischer Juristen (VDJ) 85
Vereinigung der Verfolgten des Naziregimes – Bund der Antifaschisten/VVN-BdA) 80, 82
Volksfront 51, 55 ff.
– und DKP 59
– und Eurokommunismus 128 f.

Weltbund der demokratischen Jugend (WBDJ) 75, 77
Weltgewerkschaftsbund 76
Weltfriedensrat (WFR) 76 f., 80, 81, 132
– Weltkongreß der Friedenskräfte 82
– Weltparlament für den Frieden, Sofia 132
Weltanschauungsgewerkschaften und DKP 103
Wertwandel, gesellschaftlicher und DKP 47
Wirtschaftspolitik s. Gewerkschaftsarbeit der DKP
Wissenschaften, bürgerliche/marxistische 73

Zentralismus, demokratischer 25 ff.